CAMILLA V. SAULSBURY

125
repas
dans une tasse

Guy Saint-Jean
ÉDITEUR

Guy Saint-Jean Éditeur
3440, boul. Industriel
Laval (Québec) Canada H7L 4R9
450 663-1777
info@saint-jeanediteur.com
www.saint-jeanediteur.com

....

**Catalogage avant publication de Bibliothèque et Archives nationales du Québec
et Bibliothèque et Archives Canada**
[250 best meals in a mug. Français]
125 repas dans une tasse
Traduction de : 250 best meals in a mug.
Comprend un index.
ISBN 978-2-89455-821-8
1. Cuisine au four à micro-ondes. 2. Cuisine rapide. 3. Livres de cuisine. I. Titre. II. Titre : 250 best meals in a mug.
Français. III. Titre : Cent vingt-cinq repas dans une tasse.
TX832.S2914 2014   641.5'882   C2014-941417-X

....

Nous reconnaissons l'aide financière du gouvernement du Canada par l'entremise
du Fonds du livre du Canada (FLC) ainsi que celle de la SODEC pour nos activités d'édition.

Canadä   Patrimoine   Canadian   SODEC
                      canadien   Heritage   Québec

Gouvernement du Québec – Programme de crédit d'impôt pour l'édition de livres – Gestion SODEC

Le contenu de ce livre est tiré d'un ouvrage publié originalement sous le titre *250 Best Meals in a Mug*
par Robert Rose Inc., 120 Eglinton Avenue East, bureau 800, Toronto (Ontario) Canada M4P 1E2
© Camilla V. Saulsbury pour le texte en anglais, 2010

© Guy Saint-Jean Éditeur inc. 2014 pour l'édition en langue française
Traduction et révision : Linda Nantel
Correction d'épreuves : Audrey Faille
Conception graphique : Olivier Lasser
Photographies : Michel Paquet
Styliste culinaire et accessoires : Éric Régimbald

Dépôt légal — Bibliothèque et Archives nationales du Québec, Bibliothèque et Archives Canada, 2014
ISBN : 978-2-89455-821-8
PDF : 978-2-89455-823-2

Imprimé au Canada
1ʳᵉ impression, août 2014

 Guy Saint-Jean Éditeur est membre de l'Association
nationale des éditeurs de livres (ANEL).

Table des matières

Introduction

Pendant des années, nous avons utilisé le four à micro-ondes pour réchauffer nos aliments. Le micro-ondes est devenu un allié hors pair pour cuisiner des repas rapides avec de bons ingrédients. Lorsqu'on n'a pas beaucoup de temps pour cuisiner, au lieu de se contenter d'aliments à calories vides, on peut maintenant se préparer un repas santé en quelques minutes. Pour ce faire, il suffit de trois choses : des ingrédients de qualité, une grande tasse et un micro-ondes. Cette révolution culinaire est en train de changer la vie de millions de personnes à travers le monde : des étudiants qui ont peu de place pour cuisiner, des personnes âgées qui n'ont plus envie de préparer des repas compliqués, des ados qui en ont assez de la malbouffe, des célibataires soucieux de bien manger, des parents et des travailleurs trop occupés, bref tous y trouvent leur compte.

Les repas offerts dans les restaurants rapides contiennent beaucoup trop de sodium, de sucre, de matière grasse et de calories. Grâce à ce livre, vous réussirez à faire des mets beaucoup plus sains ! Il est très agréable de préparer son repas dans une tasse. Nul besoin d'équipement coûteux ni de techniques de cuisson compliquées. Et pas de vaisselle non plus ! Même ceux qui ne savent pas cuisiner peuvent concocter un excellent repas en un tournemain. Ce livre vous aidera à varier vos menus grâce à un choix judicieux de recettes satisfaisantes, économiques et bonnes pour la santé. À vos tasses, prêts, partez !

● ● ● Quelle tasse choisir ?

Quoi de plus simple que de cuisiner et de manger directement dans une tasse ? Voici comment choisir celle qui conviendra le mieux à la préparation des recettes de cet ouvrage.

Sécurité

Assurez-vous que la tasse convient à la cuisson au micro-ondes. Le verre et la céramique sont très utiles, mais ce ne sont pas toujours des matériaux recommandables. Assurez-vous que la mention « bon pour micro-ondes » ou « convient au micro-ondes » est inscrite sous la tasse. Méfiez-vous des tasses en céramique de fabrication artisanale. Elles contiennent souvent des traces de métaux (entre autres dans la peinture et les ornements) et ne conviennent pas toujours à ce type de four.

Forme et grosseur

Plusieurs recettes de ce livre requièrent une tasse de 500 ml (16 oz). Certaines peuvent être faites dans une tasse plus petite de 375 à 500 ml (12 à

16 oz). Même si vous pouvez utiliser des tasses de différentes formes, sachez que celles aux côtés droits favorisent une meilleure pénétration des micro-ondes que celles aux formes courbées. Les premières sont idéales pour les gâteaux, poudings, muffins, pains, biscuits et plats à base d'œufs, car elles permettent une cuisson plus uniforme. Il est aussi recommandé de choisir des tasses dont le fond est rond plutôt que carré, surtout pour les pains, muffins, gâteaux et plats à base d'œufs. Les ingrédients pris dans les coins des tasses carrées ont tendance à cuire trop rapidement.

Épaisseur de la tasse

L'épaisseur de la tasse joue un rôle sur la durée de cuisson des aliments. Les micro-ondes prennent plus de temps pour pénétrer les parois épaisses, ce qui nécessite une cuisson plus longue. Une tasse aux parois plus minces requiert donc une cuisson plus courte.

Ornements métalliques

N'utilisez jamais une tasse dotée d'ornements en or ou en argent. Cela pourrait provoquer l'apparition d'un arc, c'est-à-dire un courant électrique circulant entre les parois du four et les particules de métal contenues dans la tasse. Un tel phénomène créerait un éclair de lumière et un bruit sec et risquerait d'endommager votre four.

Solutions de remplacement

Si vous n'avez pas de grande tasse, vous pouvez prendre un bol, un ramequin ou un bocal en verre convenant au micro-ondes et respectant la capacité de volume prescrite dans la recette choisie. Utilisez toujours une poignée ou un gant de cuisinier pour retirer ces contenants du four.

Les ingrédients indispensables

La plupart des recettes de ce livre peuvent être préparées avec des ingrédients que vous avez probablement déjà dans votre garde-manger ou votre réfrigérateur. Les pages suivantes vous aideront à mieux vous familiariser avec eux. Toujours les avoir à portée de la main vous permettra de préparer une grande variété de recettes sans contraintes.

Œufs, produits laitiers et boissons végétales

Œufs • Toutes les recettes de ce livre ont été testées avec de gros œufs. Jetez tout œuf sale, fissuré ou coulant. N'utilisez pas non plus ceux qui ont une mauvaise odeur ou qui n'ont pas une couleur habituelle une fois cassés ; ils pourraient être contaminés par une bactérie dangereuse telle que la salmonelle.

Lait • Nous avons testé nos recettes avec du lait 2 %, mais vous pouvez employer n'importe quel autre lait ainsi que vos boissons végétales préférées.

Quinoa • Le quinoa est une graine et non une céréale. Il ne fait pas partie de la famille des graminées. Avant cuisson, il ressemble un peu au couscous. Le blanc est le plus utilisé, mais on peut aussi se procurer du quinoa rouge et du quinoa noir en Amérique du Nord et d'autres pays. Toutes les variétés font l'affaire pour les recettes de ce livre. Conservez-le dans un contenant hermétique : 6 mois au réfrigérateur ou 1 an au congélateur.

Boissons végétales • Les boissons végétales sont essentielles aux adeptes du végétalisme et aux personnes intolérantes au lactose ou allergiques aux produits laitiers. Elles sont très utiles, car elles sont vendues en boîtes de carton qui se conservent à température ambiante. Le choix n'a jamais été aussi vaste : boissons de soja, de riz, d'amande, de chanvre, etc. Lorsqu'une recette requiert du lait, n'hésitez pas à remplacer celui-ci par l'une de ces boissons si le cœur vous en dit.

Fromages râpés du commerce

Ces produits sont très utiles pour les recettes de ce livre, car ils permettent de gagner du temps et supportent bien la congélation. Lors de nos tests, nous avons accordé notre préférence au cheddar, au parmesan et au mélange de fromages italiens râpés.

Cottage • Ce fromage est employé dans plusieurs plats principaux et desserts. En plus de se prêter à de nombreuses créations culinaires, il a une valeur nutritive intéressante, surtout en protéines et en calcium.

Ricotta • Ce fromage frais et légèrement granuleux est beaucoup plus lisse que le cottage. Pour les desserts, il est préférable de prendre de la ricotta ordinaire ou à teneur réduite en matière grasse. La ricotta sans gras n'est pas recommandée dans nos recettes.

Yogourt • Plusieurs recettes demandent l'utilisation de yogourt nature ou de yogourt grec nature. Ce dernier est épais et crémeux, car il a été égoutté pour retirer une partie de son lactosérum.

Viande, volaille, poisson et fruits de mer

Il est bon de toujours avoir une petite quantité de ces produits à la maison. Voici ceux que l'on utilise le plus souvent dans cet ouvrage :

- boulettes de bœuf ou de porc cuites, surgelées (ou un mélange des deux viandes) ;
- poulet déjà cuit ;
- thon en conserve empaqueté dans l'eau (toutes les variétés) ;
- saumon sans arêtes en conserve, chair de crabe et crevettes en conserve.

Produits du soja

Il y a quelques années, les produits dérivés du soja (boissons, tofu, tempeh, yogourts et fromages de soja) étaient considérés comme des produits plutôt inhabituels. De nos jours, on peut se les procurer dans les supermarchés.

Tofu • Le tofu est fabriqué avec le liquide extrait des fèves de soja broyées que l'on a fait coaguler. Une fois chauffée, la boisson de soja caille et forme des solides que l'on presse en forme de blocs. On trouve dans le commerce du tofu extra-ferme, ferme et mou. Utilisez le type de tofu mentionné dans la recette pour obtenir un bon résultat. Toutes les recettes de ce livre ont été testées avec du tofu réfrigéré. Celui conservé à température ambiante est acceptable, mais sa texture et son goût sont nettement inférieurs.

Tempeh • Le tempeh est un aliment indonésien à base de fèves de soja immatures qui ont été cuites, fermentées et ensemencées avec un champignon. Elles sont ensuite moulées en forme de pain ou de petits gâteaux. Certaines variétés sont mélangées avec des céréales complètes qui leur donnent une texture particulièrement consistante semblable à celle de la viande. Comme le tofu, le tempeh absorbe les saveurs des ingrédients avec lesquels on l'apprête et il faut le garder au réfrigérateur.

Légumineuses

Lentilles et haricots en conserve • Riches en protéines, pratiques et économiques, les lentilles et les légumineuses en conserve se prêtent à mille et une recettes réconfortantes. Voici les meilleurs choix qu'il est bon de toujours avoir dans son garde-manger :

- haricots noirs, haricots rouges et haricots blancs (Great Northern, cannellinis, petits haricots blancs) ;
- haricots pinto (nature ou assaisonnés au piment) ;
- pois chiches et lentilles.

Noix, graines et beurres

En plus d'être une excellente source de protéines, les noix et les graines contiennent des vitamines, des minéraux, des fibres et des acides gras essentiels (ex. : oméga-3 et oméga-6).

Noix • Plusieurs variétés de noix sont utilisées dans les recettes. Il faut parfois les faire griller avant usage pour qu'elles deviennent plus croustillantes et savoureuses. Pour ce faire, étalez-les sur une plaque de cuisson à bord élevé et faites-les dorer au four préchauffé à 180 °C (350 °F/th 4) pendant 8 à 10 minutes ou jusqu'à ce qu'elles libèrent tous leurs arômes. Sinon, faites-les griller dans une poêle sèche, à feu doux, en remuant constamment pendant 2 à 4 minutes. Laissez-les refroidir dans une assiette avant de les hacher.

Graines de lin moulues • Les graines de lin sont très nutritives. Le fait de les moudre permet de profiter au maximum de toutes leurs vertus santé. Conservez-les dans un contenant hermétique : 5 mois au réfrigérateur ou 8 mois au congélateur.

Graines de citrouille • Les graines de citrouille comestibles ont été débarrassées de leur écale blanche. Nous consommons uniquement la graine vert foncé qui se trouve à l'intérieur.

Graines de sésame • Minuscules et délicates, elles gagnent beaucoup en saveur une fois grillées. Il est facile de s'en procurer dans les supermarchés, les épiceries orientales et les magasins d'alimentation naturelle.

Graines de tournesol décortiquées • Très nutritives, les graines de tournesol offrent un léger goût de noisette.

Beurres de noix et de graines • Ces beurres sont extrêmement utiles dans de nombreuses préparations culinaires : goûters, desserts, pains, etc. Ils ajoutent aussi de la texture aux sauces et aux vinaigrettes. Pour les recettes de ce livre, utilisez votre beurre préféré pour remplacer le beurre d'arachide ou la variété indiquée dans la liste des ingrédients.

Farines et céréales

Farine tout usage • Il s'agit d'un mélange de blé dur riche en gluten et de blé mou pauvre en gluten. Elle provient de la partie intérieure du grain et sa texture est délicate. Elle ne renferme ni le germe ni le son. Vous pouvez prendre de la farine tout usage blanchie ou non blanchie pour les recettes de ce livre.

Boulgour • Le boulgour provient de grains de blé cuits à la vapeur, séchés et broyés. Les couches de son extérieures sont retirées et les grains sont concassés. On trouve dans le commerce du boulgour fin, moyen ou grossier. Il a un goût de noisette et, une fois réhydraté, une texture tendre et agréable à mastiquer. Pour les recettes de ce livre, optez pour une mouture fine ou moyenne.

Orge à cuisson rapide • Contrairement au riz brun instantané, l'orge à cuisson rapide n'a pas été étuvée. Il s'agit en fait d'orge perlé réduit en minces flocons (il ressemble aux flocons d'avoine avant cuisson). Il suffit de quelques minutes pour le cuire correctement. On peut s'en procurer dans les magasins d'alimentation naturelle et la plupart des supermarchés.

Flocons d'avoine • Deux types de flocons d'avoine sont employés dans nos recettes : les flocons à l'ancienne sont de l'avoine entière décortiquée et nettoyée qui a été cuite à la vapeur et écrasée avec d'énormes rouleaux. Les flocons à cuisson rapide sont des gruaux coupés en plusieurs morceaux qui ont été cuits à la vapeur et aplatis finement. Pour obtenir un résultat optimal, utilisez le type de flocons recommandé dans la recette choisie.

Germe de blé • Le germe est la partie la plus nutritive du grain de blé. Il est habituellement séparé du son et de l'amidon au moment de la mouture parce que son huile très périssable réduirait la durée de conservation de la farine. Sa texture est semblable à celle des noix moulues finement et il offre un bon goût de noisette. À cause de sa teneur élevée en huile, on doit le conserver dans un contenant hermétique pour empêcher le rancissement. Gardez-le au réfrigérateur ou au congélateur. Utilisez du germe de blé grillé ou non dans les recettes.

Pâtes

Il est très facile de cuire des pâtes dans une tasse et leur texture sera semblable à celle des pâtes cuites dans une casserole. Comme on utilise peu de liquide, il n'est pas nécessaire de les égoutter. Il est toutefois essentiel de prendre des petites pâtes pour obtenir un bon résultat. Voici celles qui sont employées le plus souvent dans nos recettes :

- spaghettis coupés (ou longs spaghettis coupés en morceaux de 2,5 cm à 4 cm (1 po à 1 ½ po) ;
- macaronis (petits coudes), petites bagues ;
- orzo (pâtes en forme de grain de riz).

Tomates et sauce tomate

Employez de la sauce tomate pour donner un goût de tomate bien prononcé à vos soupes, sauces et ragoûts. Optez pour un produit pauvre en sodium qui ne renferme pas d'assaisonnements ajoutés.

Tomates en dés • Les tomates en dés en conserve ajoutent beaucoup de saveur à une multitude de plats, spécialement aux soupes et aux ragoûts. Pour une saveur encore plus intéressante, utilisez des tomates en dés aux piments verts ou assaisonnées à l'italienne.

Sauce marinara • La sauce marinara en pot contient de la sauce tomate, des oignons, de l'ail, du basilic et de l'origan. En Italie, on l'utilise traditionnellement avec les viandes et les pâtes, mais elle sert aussi à préparer plusieurs plats minute remarquables.

Salsa croquante aux tomates • La salsa du commerce contient des tomates, des poivrons, des oignons et des épices. Pauvre en calories, elle permet de rehausser le goût de plusieurs plats en quelques secondes.

Fruits et légumes surgelés

En plus d'être très utiles, les fruits et légumes surgelés sont parfois plus nutritifs que les frais. Ces derniers parcourent souvent de longues distances, ce qui les prive d'une partie importante de leurs vitamines et minéraux. C'est sans compter le fait qu'ils sont aussi exposés à la chaleur et à la lumière. Les fruits et légumes surgelés sont cueillis à maturité et emballés aussitôt, ce qui permet de préserver tous leurs nutriments.

Ayez toujours différents fruits et légumes hachés surgelés dans votre congélateur afin de pouvoir varier vos menus. Voici ceux que l'on utilise le plus souvent :

- petits fruits (bleuets, myrtilles, mûres, framboises, fraises) ;
- fleurons de brocoli ;
- mélange de poivrons et d'oignons hachés ;
- légumes-feuilles verts (épinards, bettes à carde, feuilles de moutarde) ;
- oignons hachés ;

- petits pois, edamames écossés, pois mange-tout, pois sucrés, maïs ;
- mélange de légumes pour plats sautés ;
- purée de courges d'hiver (ex. : mélange de courges poivrées et Butternut).

Huiles et matières grasses

Nous utilisons ces ingrédients avec parcimonie dans nos recettes, car ils ne sont pas indispensables à la cuisson au micro-ondes.

Beurre • On l'utilise surtout dans les desserts et parfois dans d'autres recettes. Évitez de le ranger près des ingrédients qui ont une forte odeur (ex. : oignons, ail) et gardez-le dans un contenant hermétique. Si vous employez peu de beurre en cuisine, conservez-le au congélateur. Coupez-le d'abord en morceaux équivalant à 1 c. à soupe. Rangez ceux-ci sur une plaque de cuisson tapissée de pellicule de plastique. Congelez-les de 30 à 60 minutes ou jusqu'à ce qu'ils soient bien durcis, puis mettez-les dans un contenant hermétique. Vous pourrez ainsi conserver votre beurre pendant 6 mois au congélateur. Sortez-en quelques morceaux à la fois selon vos besoins et laissez-les décongeler au réfrigérateur ou à température ambiante.

Huile végétale • Ce terme générique englobe les huiles au goût neutre extraites de plantes et qui demeurent liquides à température ambiante. Parmi les bons choix : huiles de canola (colza), d'olive (légère), de pépins de raisin, de carthame, de tournesol, d'arachide et de maïs. Vous pouvez aussi employer un mélange de deux huiles.

Huile d'olive • Cette huile mono-insaturée sert à une multitude de préparations culinaires. Utilisez de l'huile d'olive ordinaire contenant un mélange d'huile raffinée et d'huile vierge ou extra-vierge. Il n'est pas nécessaire d'acheter un produit de luxe pour la cuisson au micro-ondes.

Huile de noix de coco vierge non raffinée • Cette huile semi-solide à température ambiante remplace le beurre dans quelques-unes de nos recettes.

Huile de sésame grillé • De couleur brun foncé, cette huile au goût de noix prononcé doit être utilisée avec parcimonie. On l'emploie principalement dans la cuisine orientale.

Enduit à cuisson antiadhésif • Ce produit empêche les ingrédients de coller au fond et aux parois de la tasse. Une fois la cuisson terminée, il devient plus facile de démouler un gâteau ou un muffin, sans compter que le nettoyage est plus facile.

Édulcorants

Sucre granulé • Le sucre granulé, aussi appelé *sucre blanc*, provient de la canne à sucre ou de la betterave à sucre. C'est l'édulcorant le plus souvent utilisé dans ce livre. Conservez-le dans un contenant hermétique gardé dans un endroit frais et sec.

Cassonade • Il s'agit de sucre granulé allégé avec un peu de mélasse. La pâle renferme moins de mélasse que la foncée. Son goût est aussi plus délicat. Conservez la cassonade dans un contenant ou un sac de plastique hermétique pour empêcher la formation de grumeaux. On peut la remplacer par du sucre roux dans toutes les recettes de ce livre.

Sucre glace • Il s'agit de sucre blanc réduit en fine poudre auquel on a ajouté de la fécule de maïs pour empêcher la formation de grumeaux. On l'emploie dans les recettes où le sucre blanc serait trop granuleux.

Miel • Le miel est un nectar de plantes recueilli et concentré par les abeilles mellifères. N'importe quelle variété peut être employée dans nos recettes. Les contenants qui n'ont pas encore été ouverts peuvent être conservés à température ambiante. Une fois entamés, gardez-les au réfrigérateur pour éviter la moisissure. Le miel se conserve indéfiniment si l'on respecte les règles de conservation adéquates.

Sirop d'érable • Ce sucre liquide est obtenu en faisant bouillir de l'eau d'érable. Il ne faut pas le confondre avec les sirops artificiels à base de sirop de maïs. Les contenants non entamés se conservent à température ambiante, mais il faut garder ceux qui sont ouverts au réfrigérateur pour contrer la moisissure. Le sirop d'érable se conserve indéfiniment si l'on respecte les règles de conservation prescrites.

Stevia • Cet édulcorant provient des feuilles de *Stevia rebaudiana*, un arbuste de l'Amérique du Sud. Il est environ 300 fois plus sucré que le sucre de canne. Comme il n'est pas absorbé par notre tube digestif, il ne nous procure aucune calorie. On le trouve sous différentes formes dans le commerce : feuilles séchées, extrait liquide et extrait en poudre. Pour ce livre, nous avons testé nos recettes avec du stevia en poudre.

Agents levants et aromatisants

On peut rehausser le goût des plats grâce à des produits courants que nous avons habituellement dans notre garde-manger. Voici les plus utiles en cuisine.

Sel • À moins d'indication contraire, les recettes ont été testées avec du sel fin ordinaire, que l'on peut remplacer par du sel marin fin.

Poivre noir • Les baies sont cueillies alors qu'elles ne sont pas complètement mûres. On les fait ensuite sécher jusqu'à ce qu'elles soient plissées et que leur couleur tourne au brun foncé ou au noir. Le poivre noir a un goût prononcé légèrement piquant et subtilement sucré.

Levure chimique (poudre à pâte) • Cette poudre est un mélange d'alcali (bicarbonate de soude) et d'acide (sulfate de sodium et d'aluminium, phosphate acide de calcium ou crème de tartre) auquel on a ajouté une forme d'amidon qui empêche l'humidité d'amorcer la réaction chimique avant qu'un liquide ait été ajouté.

Herbes fraîches • Elles ajoutent de la couleur et de la saveur aux plats. La coriandre, la ciboulette et le persil sont peu coûteux et se conservent bien dans le bac à légumes du réfrigérateur. Le basilic, la menthe et le thym sont meilleurs au printemps et en été alors qu'on les trouve en abondance au marché.

Herbes séchées et épices • Ces ingrédients peuvent transformer le repas le plus simple en véritable chef-d'œuvre. Conservez-les dans un contenant hermétique, à l'abri de la lumière et de la chaleur. Il est important que les épices et les fines herbes fraîches ou séchées soient de la plus grande fraîcheur. Une odeur bien prononcée indique que vous pouvez les employer en toute confiance.

Dans ce livre, nous utilisons des épices moulues et non pas des épices entières. Voici nos choix préférés :

- assaisonnement à l'italienne ;
- cannelle, cayenne, cumin ;
- épices pour tarte à la citrouille, gingembre, muscade ;
- poudre de cari douce, moyenne ou forte ;
- sauge.

Sauce piquante • Ce condiment est composé de piments et d'ingrédients courants comme le vinaigre et les épices. Choisissez une marque qui convient à votre goût, car certaines sont très piquantes. Une sauce de force moyenne convient davantage à un emploi régulier.

Zeste d'agrume • Le zeste est la couche extérieure de l'écorce des agrumes. Ses huiles ont une saveur très intense. Prélevez-le à l'aide d'un zesteur, d'une râpe Microplane ou d'une râpe ordinaire. Évitez de prendre la peau blanche très amère située juste en dessous.

Poudre de cacao • Pour donner un goût encore plus exquis à vos desserts, employez de la poudre de cacao naturelle non sucrée au lieu de la poudre de cacao solubilisée. Elle est beaucoup plus pâle que cette dernière et sa couleur est d'un beau brun rougeâtre. Elle est souvent moins chère aussi.

Extrait de vanille • Cet ingrédient fait des merveilles en pâtisserie. On le fabrique en mélangeant un extrait de graines de vanille séchées avec de l'eau et de l'alcool, puis on le laisse vieillir pendant plusieurs mois.

Pâte de cari thaïe • Ce mélange de piments thaïs, d'ail, de citronnelle, de galanga, de gingembre et de feuilles de lime sauvage est vendu en petit pot ou en tube. Il permet de donner une touche orientale à une multitude de plats. La pâte de cari jaune est la plus douce, la rouge est de force moyenne ou forte tandis que la verte est franchement brûlante.

Moutarde • La moutarde de Dijon et la moutarde brune sont particulièrement utiles pour rehausser la saveur de plusieurs mets.

Vinaigres • Utilisés en fin de cuisson, les vinaigres rehaussent et équilibrent les saveurs naturelles des aliments. Le vinaigre de cidre, le vinaigre de vin rouge et le vinaigre de vin blanc servent à de nombreux usages. Conservez-les dans un endroit sombre, à l'abri de la chaleur.

Bouillons du commerce • Pour faire nos recettes sans perdre de temps, il est nécessaire de toujours avoir du bouillon à portée de la main. Après avoir utilisé la quantité requise dans la recette choisie, conservez le reste du bouillon jusqu'à 1 semaine dans un contenant hermétique gardé au réfrigérateur. Vous pouvez aussi le congeler dans un tiroir à glaçons, après quoi vous emballerez les cubes dans un sac de congélation. Le bouillon se gardera ainsi pendant 6 mois. Laissez-le décongeler au micro-ondes ou au réfrigérateur avant usage.

Pesto de basilic • Composé de basilic, d'ail, de pignons, d'huile d'olive et de fromage, ce pesto ajoute énormément de saveur aux plats. On peut maintenant se procurer du pesto d'excellente qualité dans les supermarchés et les magasins d'alimentation naturelle.

● ● ● Bien mesurer les ingrédients

Pour réussir les recettes et éviter les débordements, il est indispensable de respecter les mesures indiquées. Voici quelques conseils qui seront utiles à ceux qui cuisinent avec une tasse à mesurer au lieu d'une balance.

Ingrédients secs

Lorsque vous mesurez un ingrédient sec (farine, poudre de cacao, sucre, épices, sel) dans une tasse ou une cuillère à mesurer, lissez le dessus avec la lame d'un couteau pour éliminer le surplus. Ne secouez pas la tasse ou la cuillère et évitez de frapper le fond sur le plan de travail, sinon la quantité obtenue sera plus grande que nécessaire.

Ingrédients humides

Les ingrédients humides (cassonade, noix de coco, fruits séchés, etc.) doivent être tassés fermement dans la tasse ou la cuillère à mesurer, lesquels doivent être parfaitement sèches. Remplissez la tasse, puis pressez bien l'ingrédient avec le dos d'une cuillère. Ajoutez-en s'il en manque et pressez de nouveau jusqu'à ce que vous atteigniez la quantité requise.

Ingrédients liquides

Utilisez une tasse à mesurer ou un verre gradué en verre ou en plastique transparent pour mesurer les ingrédients liquides. Posez-le sur le plan de travail et versez-y la quantité de liquide requise.

••• La cuisson au micro-ondes

Il y a fort à parier que vous possédez un micro-ondes depuis des années et que vous ne l'avez jamais utilisé pour cuisiner. La bonne nouvelle, c'est que les recettes de ce livre ne vous demanderont pas plus de temps qu'il n'en faut pour réchauffer une tasse de café ou faire du maïs soufflé.

Puissance et réglage de l'intensité • Les recettes de ce livre ont été testées dans un four à micro-ondes moderne de 1000 watts. Nous les avons essayées de nouveau dans des fours plus anciens et de fabrication récente dont la puissance variait entre 800 et 1200 watts. En plus d'être moins puissants, les fours plus anciens donnent une cuisson moins uniforme que les modèles conçus au cours des cinq dernières années.

Quels que soient le modèle, l'âge et le wattage de votre micro-ondes, vous pouvez réussir les recettes que nous vous proposons. Pour chacune, nous avons indiqué une plage de temps de cuisson suffisamment grande pour convenir aux différents modèles de fours. Après avoir essayé quelques recettes, vous serez en mesure d'évaluer rapidement le temps de cuisson nécessaire pour obtenir un résultat optimal à l'aide de votre appareil. Respectez toujours le temps de cuisson minimal prescrit, puis vérifiez la cuisson pour voir s'il est nécessaire de la prolonger un peu. Si vous réglez votre four au temps de cuisson maximal prescrit, vous risquez de rater votre recette, car il suffit de quelques secondes en trop pour tout gâcher.

Comment déterminer le wattage du four • Si vous ne connaissez pas le wattage de votre four à micro-ondes, voici comment trouver la réponse. Le plus simple est de regarder sur la plaque indiquant le numéro de série à l'intérieur de la porte. Sinon, lisez le guide d'utilisation ou consultez le site Web du fabricant. Vous pouvez aussi faire le test suivant. Mesurez 250 ml (1 tasse) d'eau dans une tasse à mesurer ou un verre gradué d'une capacité de 500 ml (2 tasses) convenant au micro-ondes. Ajoutez des glaçons et mélangez jusqu'à ce que l'eau soit froide. Jetez les glaçons et ne conservez que 250 ml (1 tasse) de liquide dans le contenant. Placez celui-ci au micro-ondes, à intensité maximale, pendant 4 minutes. Regardez par le hublot pour voir à quel moment l'eau commence à bouillir. Si l'eau bout :

- en moins de 2 minutes, la puissance du four est de 1000 watts ou plus ;
- entre 2 et 2 ½ minutes, sa puissance est de 800 watts ou plus ;
- entre 2 ½ et 3 minutes, sa puissance est de 600 à 700 watts ;
- entre 3 et 4 minutes, sa puissance est de 300 à 500 watts.

Si la puissance de votre four est faible ou moyenne, vous devrez fort probablement augmenter le temps indiqué dans les recettes pour cuire ou réchauffer les aliments.

Recettes faciles, économiques et vite faites

(4 ingrédients ou moins)

Frittata au fromage

Une frittata prête en 5 minutes ? Voilà une bonne façon de nourrir son corps, son esprit et son âme avant d'aller travailler !

1 tasse de 375 à 500 ml (12 à 16 oz)

Trucs ● Vous pouvez remplacer le fromage cottage par la même quantité de ricotta ordinaire, allégée ou sans gras. ● Servez la frittata directement dans la tasse, sur une tranche de pain ou dans un muffin anglais grillé. Vous pouvez aussi la couper en deux et la rouler dans une tortilla ou la mettre dans la moitié d'un pain pita.

2	gros œufs	2
2 c. à soupe	oignons verts hachés	2 c. à soupe
2 c. à soupe	fromage cottage sans gras ou allégé	2 c. à soupe
2 c. à café	parmesan râpé	2 c. à thé
	Sel et poivre du moulin	

1. Mettre les œufs dans la tasse et battre vigoureusement à l'aide d'un fouet. Incorporer les oignons verts et les fromages sans cesser de battre. Assaisonner au goût.

2. Cuire au micro-ondes, à intensité élevée, pendant 30 secondes. Remuer à l'aide d'une fourchette. Cuire 30 secondes de plus et remuer de nouveau. Remettre au micro-ondes de 60 à 90 secondes ou jusqu'à ce que les œufs soient pris légèrement.

Variantes

Frittata au pesto de basilic : Omettre les oignons verts et le parmesan. Ajouter 1 c. à soupe de pesto de basilic en même temps que les œufs.

Frittata au bacon : Ajouter 2 c. à soupe de saucisse fumée (ordinaire ou allégée), cuite et coupée en dés, en même temps que les œufs.

Frittata à la féta : Ajouter ½ c. à café (à thé) de graines d'aneth séchées ou ¼ de c. à café (à thé) d'origan séché en même temps que les œufs. Remplacer le parmesan par 1 c. à soupe de féta émiettée et ajouter 2 c. à soupe de poivrons rouges rôtis en pot, égouttés et hachés, en même temps que les oignons verts.

PRÉPARATION À L'AVANCE

À l'aide d'un fouet, battre les œufs dans la tasse. Ajouter les oignons verts et les fromages ; couvrir et réfrigérer jusqu'au moment de l'utilisation.

Muffin anglais aux œufs

1 tasse de 375 à 500 ml (12 à 16 oz)

Cette recette peut être adaptée à votre goût avec des miettes de bacon précuit, des dés de jambon, des petits morceaux de légumes, des fines herbes et différents fromages.

Truc ●

Pour alléger la recette, remplacez un des œufs par 2 gros blancs d'œufs.

2	gros œufs	2
2 c. à soupe	cheddar ou autre fromage, râpé	2 c. à soupe
	Sel et poivre du moulin	
1	muffin anglais ouvert, grillé ou non	1

1. À l'aide d'un fouet, battre les œufs dans la tasse. Incorporer le fromage et assaisonner au goût.

2. Cuire au micro-ondes, à intensité élevée, pendant 30 secondes. Remuer à l'aide d'une fourchette. Cuire 30 secondes de plus et remuer. Cuire de 15 à 45 secondes ou jusqu'à ce que les œufs soient pris légèrement.

3. Servir les œufs sur la moitié inférieure du muffin anglais. Couvrir avec l'autre moitié et servir aussitôt.

Variantes

Muffin anglais aux œufs et au bacon : Ajouter 1 c. à soupe de miettes de bacon précuit en même temps que les œufs.

Muffin anglais aux œufs, à la saucisse et aux poivrons : Avant de préparer les œufs, mettre 1 saucisse cuite, en dés, et 40 g (¼ de tasse) d'un mélange frais ou surgelé de poivrons rouges et d'oignons hachés dans la tasse. Réchauffer à intensité élevée de 60 à 70 secondes. Défaire la saucisse à l'aide d'une fourchette. Incorporer les œufs battus et poursuivre la recette.

Muffin anglais végétarien : Avant de préparer les œufs, mettre 2 c. à soupe de salsa croquante et épaisse, 2 c. à soupe de carotte râpée et 1 c. à soupe d'oignons verts hachés dans la tasse. Réchauffer à intensité élevée pendant 30 secondes. Incorporer les œufs battus et poursuivre la recette.

PRÉPARATION À L'AVANCE

Battre les œufs au fouet dans la tasse. Ajouter le fromage ; couvrir et réfrigérer jusqu'au moment de l'utilisation.

Potage au brocoli

Le mélangeur permet d'obtenir une texture onctueuse digne des meilleurs potages à base de crème.

1 tasse de 500 ml (16 oz)

Trucs
● Achetez des fleurons de brocoli surgelés. ● Si vous n'avez que des fleurons de brocoli surgelés, utilisez-en 200 g (1 ¼ tasse) et, au besoin, augmentez le temps de cuisson de 30 secondes à l'étape 1. ● Pour obtenir un potage plus crémeux, remplacez le lait par 60 ml (¼ de tasse) de sauce Alfredo allégée.

Mélangeur

160 g	brocoli surgelé, haché	1 tasse
160 ml	bouillon de poulet ou de légumes	⅔ de tasse
60 ml	lait ¼ de tasse	
1 c. à soupe	parmesan râpé	1 c. à soupe

1. Mettre le brocoli et le bouillon dans la tasse. Cuire au micro-ondes, à intensité élevée, de 1 ½ à 2 ½ minutes ou jusqu'à ce qu'ils soient très chauds.

2. Transvider dans le mélangeur, puis verser le lait. Laisser reposer 2 minutes avant de réduire en purée partiellement ou parfaitement lisse.

3. Verser dans la tasse et cuire à intensité élevée de 1 à 2 minutes (vérifier après 1 minute) ou jusqu'à ce que le potage soit chaud sans être bouillant. Incorporer le parmesan.

Variantes

Potage au brocoli et au cheddar: Omettre le parmesan et ajouter 2 c. à soupe de cheddar fort en même temps que le lait.

Potage au chou-fleur: Remplacer le brocoli par des fleurons de chou-fleur surgelés. Si désiré, ajouter une pincée de muscade moulue.

PRÉPARATION À L'AVANCE

Préparer les étapes 1 et 2. Verser la préparation dans la tasse et réfrigérer jusqu'au moment de l'utilisation. Réchauffer au micro-ondes, à intensité élevée, de 1 ½ à 2 minutes ou jusqu'à ce que le potage soit chaud sans être bouillant.

Minestrone minute

Le fait d'écraser grossièrement les légumes donne une soupe plus consistante. Son goût remarquable pourrait laisser croire qu'elle a mijoté pendant des heures.

1 tasse de 500 ml (16 oz)

Trucs ● Il est possible de remplacer l'orzo par la même quantité de riz brun à cuisson rapide. ● Saupoudrez cette soupe de parmesan fraîchement râpé juste avant de la déguster. ● Congelez le reste de la macédoine dans un petit sac de congélation hermétique ou encore en portions de 90 g (½ de tasse) en prenant soin d'y inscrire le contenu et la date. Elle se conservera ainsi pendant 3 mois. Laissez-la décongeler au micro-ondes ou au réfrigérateur avant usage.

3 c. à soupe	orzo ou autres petites pâtes	3 c. à soupe
250 ml	bouillon de poulet ou de légumes	1 tasse
90 g	macédoine de légumes en conserve, égouttée	½ tasse
60 ml	sauce marinara épaisse et croquante	¼ de tasse
	Sel et poivre du moulin	

1. Mélanger l'orzo et le bouillon dans la tasse. Mettre la tasse au micro-ondes sur du papier absorbant à double épaisseur. Cuire à intensité élevée pendant 2 minutes. Remuer et cuire de 4 à 5 minutes ou jusqu'à ce que l'orzo soit tendre.

2. Ajouter la macédoine et la sauce marinara. À l'aide d'une fourchette, écraser les légumes contre les parois de la tasse. Réchauffer à intensité élevée de 60 à 90 secondes, puis assaisonner au goût.

Variante

Minestrone aux légumineuses : Ajouter 70 g (⅓ de tasse) de haricots blancs, de haricots rouges ou de pois chiches en conserve, rincés et égouttés, en même temps que la sauce marinara.

PRÉPARATION À L'AVANCE

Mesurer l'orzo dans un petit contenant hermétique ; couvrir et réfrigérer. Mesurer la macédoine et la sauce marinara dans un petit contenant hermétique ; couvrir et réfrigérer jusqu'au moment de l'utilisation.

Chili au quinoa

1 tasse de 500 ml (16 oz)

Ce chili bien épicé contient des protéines grâce au quinoa. Cet excellent plat végétarien renferme peu d'ingrédients mais beaucoup de saveur.

Trucs ●
On peut remplacer le quinoa par la même quantité de riz brun ou d'orge à cuisson rapide. Réduisez le temps de cuisson à 5 minutes à l'étape 1 en prenant soin de remuer à mi-cuisson. Rehaussez le goût de ce chili en ajoutant ¼ c. à café (à thé) de cumin moulu en même temps que les tomates. ● Congelez le reste des tomates dans un petit sac de congélation hermétique étiqueté avec le contenu et la date. Elles se conserveront ainsi pendant 3 mois. Laissez-les décongeler au micro-ondes ou au réfrigérateur avant usage. ● Congelez le reste des haricots dans un petit sac de congélation hermétique en prenant soin d'y inscrire le contenu et la date. Ils se conserveront ainsi pendant 3 mois. Laissez-les décongeler au micro-ondes ou au réfrigérateur avant usage.

3 c. à soupe	quinoa, rincé	3 c. à soupe
125 ml	eau	½ tasse
125 g	tomates en dés aux piments verts, avec le jus	½ tasse
100 g	haricots assaisonnés pour chili en conserve, avec le jus	½ tasse
	Sel et poivre du moulin	

CHOIX D'ACCOMPAGNEMENTS ● Yogourt grec sans gras ; feuilles de coriandre fraîche ; oignons verts hachés ; radis hachés ; cheddar râpé ou queso fresco émietté ; quartiers de lime (citron vert)

1. Mélanger le quinoa et l'eau dans la tasse. Cuire au micro-ondes, à intensité élevée, pendant 4 minutes. Remuer et cuire de 3 à 5 minutes (vérifier après 3 minutes) ou jusqu'à ce que l'eau soit absorbée et que le quinoa soit tendre.

2. Ajouter les tomates et les haricots. Réchauffer à intensité élevée de 1 ½ à 2 ½ minutes (vérifier après 1 ½ minute). Couvrir la tasse avec une soucoupe et laisser reposer 1 minute. Assaisonner au goût et servir avec les accompagnements choisis.

Variante
Chili au quinoa et au bœuf : Faire décongeler 2 boulettes de bœuf cuites surgelées selon les indications inscrites sur l'emballage. Émietter et ajouter en même temps que les haricots.

PRÉPARATION À L'AVANCE

Mesurer le quinoa dans la tasse ; couvrir et réserver à température ambiante. Mesurer les tomates et les haricots dans un petit contenant hermétique ; couvrir et réfrigérer jusqu'au moment de l'utilisation.

Haricots rouges et orge

1 tasse de 500 ml (16 oz)

L'orge à cuisson rapide que l'on fait cuire au micro-ondes permet de gagner beaucoup de temps. Il est toujours bon d'en avoir dans le garde-manger, car elle peut remplacer le riz dans plusieurs recettes.

Trucs ● Congelez le reste des haricots rouges dans un petit sac de congélation hermétique ou en portions de 70 g (⅓ de tasse) en prenant soin d'y inscrire le contenu et la date. Ils se conserveront ainsi pendant 3 mois. Laissez-les décongeler au micro-ondes ou au réfrigérateur avant usage. ● Pour un goût légèrement fumé, employez de la salsa au piment chipotle.

50 g	orge à cuisson rapide	¼ de tasse
1	pincée de sel	1
125 ml	eau	½ tasse
70 g	haricots rouges en conserve, rincés et égouttés	⅓ de tasse
3 c. à soupe	maïs en grains surgelé	3 c. à soupe
1 c. à soupe	salsa	1 c. à soupe
½ c. à café	assaisonnement à l'italienne	½ c. à thé

1. Mélanger l'orge, le sel et l'eau dans la tasse. Cuire au micro-ondes, à intensité élevée, pendant 4 minutes. Remuer et cuire 4 minutes de plus.

2. Ajouter le reste des ingrédients et mélanger. Cuire à intensité élevée pendant 45 secondes. Couvrir de papier d'aluminium sans serrer et laisser reposer 2 minutes avant de servir.

Variante

Haricots rouges et orge à la saucisse fumée : Ajouter 40 g (¼ de tasse) de saucisse fumée (ordinaire ou à teneur réduite en matière grasse), cuite et coupée en dés.

PRÉPARATION À L'AVANCE

Mesurer l'orge et le sel dans la tasse ; couvrir et réserver à température ambiante. Mesurer le reste des ingrédients dans un petit contenant hermétique ; couvrir et réfrigérer jusqu'au moment de l'utilisation.

Bœuf au brocoli et aux poivrons

1 tasse de 500 ml (16 oz)

La sauce hoisin est composée de fèves soja fermentées, d'ail, de piments et d'épices. Elle rehausse le goût de tous les ingrédients de cette recette. La sauce teriyaki peut remplacer à merveille la sauce hoisin. Utilisez-en la même quantité.

Trucs

● Si vous ne trouvez pas de mélange de poivrons et d'oignons surgelés, mélangez tout simplement 80 g (½ tasse) de tranches de poivrons rouges et d'oignons. À l'étape 1, faites-les cuire environ 2 minutes ou jusqu'à ce qu'elles soient tendres mais encore un peu croquantes.

160 g	fleurons de brocoli surgelés	1 tasse
80 g	mélange de poivrons rouges et d'oignons surgelés pour plats sautés	½ tasse
2 c. à soupe	sauce hoisin	2 c. à soupe
35 g	rôti de bœuf cuit, en dés	¼ de tasse
	Sel et poivre du moulin	

1. Mélanger le brocoli et le mélange de poivrons et d'oignons dans la tasse. Cuire au micro-ondes, à intensité élevée, de 1 ½ à 2 minutes ou jusqu'à ce qu'ils soient décongelés et bien chauds. Jeter le surplus de liquide.

2. Ajouter la sauce hoisin et la viande. Assaisonner au goût et réchauffer à intensité élevée de 1 ½ à 2 minutes. Servir avec les accompagnements choisis.

Variantes

Poulet au brocoli et aux poivrons : Remplacer le bœuf par 75 g (½ tasse) de poulet cuit, en petits morceaux, ou de crevettes miniatures en conserve, égouttées.

Tempeh au brocoli et aux poivrons : Remplacer le bœuf par la même quantité de tempeh en dés.

Plat végétarien au brocoli et aux poivrons : Remplacer le bœuf par des légumes hachés au choix.

PRÉPARATION À L'AVANCE

Mesurer le brocoli et le mélange de poivrons et d'oignons dans la tasse ; couvrir et réfrigérer (réduire le temps de cuisson de 30 secondes à l'étape 1). Mesurer la sauce hoisin et la viande dans un petit contenant hermétique ; couvrir et réfrigérer jusqu'au moment de l'utilisation.

Couscous au poulet et au pesto

1 tasse de 375 à 500 ml (12 à 16 oz)

Gardez toujours un pot de pesto de basilic au réfrigérateur. Vous serez ainsi en mesure de préparer plusieurs bons plats rapidement.

Trucs

● Vous pouvez employer du couscous ordinaire ou de blé entier. ● Congelez le reste du poulet dans un petit sac de congélation hermétique étiqueté avec le contenu et la date. Il se conservera ainsi pendant 3 mois. Laissez-le décongeler au micro-ondes ou au réfrigérateur avant usage. ● Il est possible de remplacer le poulet par 40 g (½ tasse) de charcuterie de poulet ou de dinde cuite et coupée en dés.

125 ml	eau	½ tasse
90 g	couscous	½ tasse
75 g	poulet cuit, en petits morceaux	½ tasse
3 c. à soupe	pesto de basilic	3 c. à soupe
	Sel et poivre du moulin	
1 c. à soupe	parmesan râpé	1 c. à soupe

1. Verser l'eau dans la tasse et faire bouillir au micro-ondes, à intensité élevée, de 1 ½ à 2 ½ minutes. Ajouter le couscous. Couvrir avec une assiette et laisser reposer 5 minutes.

2. Remuer le couscous à l'aide d'une fourchette. Ajouter le poulet et le pesto. Réchauffer au micro-ondes, à intensité élevée, de 1 à 1 ½ minute. Assaisonner au goût et saupoudrer de parmesan.

Variantes

Couscous aux pois chiches et au pesto : Remplacer le poulet par 100 g (½ tasse) de pois chiches en conserve, rincés et égouttés.

Couscous au poulet, aux poivrons et au pesto : Ajouter 40 g (¼ de tasse) de poivrons rouges rôtis en pot, égouttés et hachés, en même temps que le poulet.

PRÉPARATION À L'AVANCE

Mesurer le couscous dans un petit contenant hermétique ; couvrir et réserver à température ambiante. Mesurer le poulet et le pesto dans un petit contenant hermétique ; couvrir et réfrigérer jusqu'au moment de l'utilisation.

Lo mein aux légumes

Trois ingrédients essentiels : des pâtes, de la sauce teriyaki et des légumes. Ce plat rivalise avec les mets chinois du restaurant sans compter qu'il est meilleur pour la santé et le portefeuille. Servez-le avec des oignons verts hachés, des arachides grillées, légèrement salées et hachées ou des graines de sésame grillées.

Trucs ● Si vous utilisez de longs spaghettis, coupez-les en morceaux de 2,5 cm à 4 cm (1 po à 1 ½ po) pour obtenir un meilleur résultat. ● Pour faire un repas plus complet, ajoutez 80 ml (⅓ de tasse) de dés de poulet cuit, de rôti de bœuf haché, de crevettes miniatures en conserve, égouttées, ou de dés de tempeh en même temps que la sauce teriyaki. ● Si vous n'avez pas de sauce teriyaki, mélangez dans un petit bol : 4 c. à café (à thé) de sauce soja, 2 c. à café (à thé) de cassonade ou de sucre, ¼ de c. à café (à thé) de vinaigre blanc, de vinaigre de riz ou de vinaigre de cidre, ⅛ de c. à café (à thé) de gingembre moulu et ⅛ de c. à café (à thé) de poudre d'ail.

50 g	coquillettes ou spaghettis en morceaux (*voir* Trucs)	½ tasse
1	pincée de sel	1
160 ml	eau	⅔ de tasse
80 g	mélange de légumes surgelés pour plats sautés	½ tasse
2 c. à soupe	sauce teriyaki	2 c. à soupe

1. Mélanger les pâtes, le sel et l'eau dans la tasse. Mettre la tasse au micro-ondes sur du papier absorbant à double épaisseur. Cuire à intensité élevée pendant 2 minutes. Remuer et cuire pendant 3 minutes. Si la préparation semble sèche, ajouter 1 c. à soupe d'eau. Cuire de 1 ½ à 2 minutes ou jusqu'à ce que les pâtes soient tendres.

2. Ajouter les légumes et la sauce teriyaki. Réchauffer à intensité élevée de 60 à 90 secondes. Laisser reposer 1 minute et remuer. Servir avec les accompagnements choisis.

PRÉPARATION À L'AVANCE

Mesurer les pâtes et le sel dans un petit contenant hermétique ; couvrir et réserver à température ambiante. Mesurer les légumes surgelés et la sauce teriyaki dans un petit contenant hermétique ; couvrir et réfrigérer jusqu'au moment du repas (réduire le temps de cuisson de 20 à 30 secondes à l'étape 2).

Fondue au fromage

Cette fondue est idéale pour y tremper des légumes, des morceaux de saucisse, du pain ou tout ce qui vous tente.

1 tasse de 500 ml (16 oz)

Trucs

● La moutarde préparée brune ou jaune peut être employée au lieu de la moutarde de Dijon. ● Le jus de pomme peut être remplacé par la même quantité de bière ou de vin blanc sec.

60 ml	jus de pomme non sucré	¼ de tasse
60 g	fromage suisse, monterey jack ou cheddar, râpé	½ tasse
2 c. à café	farine tout usage (type 55)	2 c. à thé
	Poivre du moulin	

1. Verser le jus de pomme dans la tasse. Réchauffer au micro-ondes, à intensité élevée, de 45 à 75 secondes (vérifier après 45 secondes) ou jusqu'à ce qu'il commence à bouillir.

2. Ajouter le fromage et la farine et bien mélanger. Cuire à intensité élevée de 30 à 45 secondes ou jusqu'à ce que la préparation soit bouillonnante. Poivrer au goût et laisser tiédir dans la tasse. Servir avec les accompagnements choisis.

Variantes

Fondue au fromage aux champignons : Remplacer le cheddar par du fromage suisse ou du gruyère. Ajouter 2 c. à soupe de champignons en pot ou en conserve égouttés. Si désiré, ajouter une pincée de muscade moulue ou de thym séché.

Fondue au fromage monterey jack aux piments : Omettre la moutarde et utiliser du fromage monterey jack aux piments au lieu du fromage suisse ou cheddar. Remplacer le jus de pomme par la même quantité de bière. Si désiré, ajouter une pincée d'assaisonnement au chili ou de cumin moulu.

PRÉPARATION À L'AVANCE

Mesurer le jus de pomme dans la tasse ; couvrir et réfrigérer. Mesurer le fromage, la farine et la moutarde dans un petit contenant hermétique ; couvrir et réfrigérer jusqu'au moment de l'utilisation.

Trempette de haricots
frits à la salsa

1 tasse de 500 ml (16 oz)

Des couches de haricots, de yogourt, de salsa et de fromage ont de quoi combler même les palais les plus difficiles. Cette trempette peut aussi être servie comme plat principal. Servez-la avec des chips tortillas ordinaires ou cuites au four, de la laitue hachée ou en filaments, des dés d'avocat, des tranches d'olives noires en conserve, des oignons verts hachés et de la coriandre fraîche.

Trucs

● Vous pouvez remplacer le fromage cottage par la même quantité de ricotta ordinaire, allégée ou sans gras. ● Servez la frittata directement dans la tasse, sur une tranche de pain ou dans un muffin anglais grillé. Vous pouvez aussi la couper en deux et la rouler dans une tortilla ou la mettre dans la moitié d'un pain pita.

130 g	haricots frits sans gras en conserve (épicés de préférence)	½ tasse
5 c. à soupe	salsa croquante	5 c. à soupe
2 c. à soupe	cheddar râpé	2 c. à soupe
2 c. à soupe	yogourt grec nature	2 c. à soupe

1. Mélanger les haricots frits et 3 c. à soupe de salsa dans la tasse. Bien mélanger et ajouter le fromage. Cuire au micro-ondes, à intensité élevée, de 45 à 75 secondes (vérifier après 45 secondes) ou jusqu'à ce que le fromage soit fondu et que les haricots soient chauds.

2. Couvrir uniformément de yogourt, puis ajouter le reste de la salsa. Servir avec les accompagnements choisis.

Variante

Poulet et haricots frits à la salsa : Mettre 75 g (½ tasse) de poulet cuit, en petits morceaux, sur la préparation de haricots avant d'ajouter le fromage.

PRÉPARATION À L'AVANCE

Faire l'étape 1 ; couvrir et réfrigérer pas plus d'une journée. Poursuivre avec l'étape 2 juste avant de servir.

Trempette chaude
aux épinards et au parmesan

Voici une recette de choix pour le goûter, les repas légers et les jours de fête. Cette trempette est aussi excellente comme tartinade. Servez-la avec des pointes de pita ou du pain croûté et des légumes crus ou cuits au micro-ondes.

Trucs
● Ajoutez ¼ de c. à café (à thé) de votre herbe séchée (ex. : basilic ou aneth) ou de votre assaisonnement préféré (ex. : assaisonnement à l'italienne) en même temps que le fromage. ● La mayonnaise ordinaire ou allégée donne de bons résultats. La mayonnaise sans matière grasse n'est pas recommandée pour cette recette.

120 g	épinards surgelés, hachés	¾ de tasse
3 c. à soupe	fromage à la crème	3 c. à soupe
2 c. à soupe	mayonnaise	2 c. à soupe
1 c. à soupe	parmesan râpé	1 c. à soupe
	Poivre du moulin	

1. Mettre les épinards dans la tasse. Cuire au micro-ondes, à intensité élevée, de 1 à 2 minutes ou jusqu'à ce qu'ils soient décongelés et chauds. Presser fermement sur les épinards à l'aide d'une fourchette et jeter le surplus de liquide.

2. Ajouter le fromage dans la tasse. Cuire à intensité élevée de 15 à 20 secondes ou jusqu'à ce qu'il soit ramolli. Bien mélanger, puis incorporer la mayonnaise et le parmesan. Réchauffer à intensité élevée de 30 à 45 secondes. Poivrer au goût et servir avec les accompagnements choisis.

Variante

Trempette aux artichauts et aux épinards : Ajouter 3 c. à soupe de cœurs d'artichauts en pot, hachés et égouttés, en même temps que la mayonnaise.

PRÉPARATION À L'AVANCE

Mesurer les épinards dans la tasse ; couvrir et réfrigérer (réduire le temps de cuisson à 30 secondes à l'étape 1). Mettre le fromage dans un petit contenant hermétique ; couvrir et réfrigérer. Mesurer la mayonnaise et le parmesan dans un petit contenant hermétique ; couvrir et réfrigérer jusqu'au moment de l'utilisation.

Maïs soufflé

1 tasse de 500 ml (16 oz)

Renoncez aux chips, aux bretzels et aux craquelins grâce à ce maïs soufflé qui ne coûte presque rien et qui saura satisfaire joyeusement vos fringales.

Truc ●

La tasse sera extrêmement chaude une fois que les grains de maïs auront éclaté. Retirez-la du four à l'aide d'une petite serviette ou d'un gant isolant pour vous protéger.

¼ c. à café	huile végétale	¼ c. à thé
1 c. à soupe	grains de maïs à éclater	1 c. à soupe
	Sel	

1. Mettre l'huile dans la tasse en prenant soin de bien enduire le fond et les parois. Ajouter les grains de maïs et couvrir complètement et solidement la tasse avec un linge propre ou une feuille de papier absorbant.

2. Cuire au micro-ondes, à intensité élevée, de 1 à 2 minutes ou jusqu'à ce qu'il s'écoule de 4 à 5 secondes entre les éclatements. Retirer du micro-ondes avec précaution (*voir* Truc) et saler au goût.

Variantes

Maïs soufflé au beurre : Ajouter de 1 à 2 c. à café (à thé) de beurre dans la tasse dès sa sortie du four. Remuer et saler au goût.

Maïs soufflé sucré à la cannelle : Ajouter de 1 à 2 c. à café (à thé) de beurre dans la tasse dès sa sortie du four. Remuer et ajouter 2 c. à café (à thé) de sucre granulé et une généreuse pincée de cannelle moulue. Remuer et saler au goût.

Maïs soufflé au piment et à la lime : Ajouter ½ c. à café (à thé) de zeste de lime (citron vert) râpé finement, 1 c. à café (à thé) de sucre granulé et une généreuse pincée d'assaisonnement au chili en même temps que le sel.

PRÉPARATION À L'AVANCE

Mettre l'huile et les grains de maïs tel qu'indiqué à l'étape 1 ; couvrir et réserver à température ambiante jusqu'au moment de l'utilisation.

Brownie au cacao

Riche, chocolaté et fondant, ce brownie ne demandera que 2 minutes de votre temps. Vérifiez la cuisson après 60 secondes afin d'éviter de le cuire trop longtemps.

Trucs
● Pourquoi ne pas ajouter de 1 à 2 c. à soupe de grains de chocolat semi-sucré miniatures dans la pâte avant la cuisson ? ● Pour un goût sublime, ajoutez ¼ de c. à café (à thé) d'extrait de vanille dans la pâte. ● Servez ce brownie avec un peu de yogourt à la vanille ou de crème fouettée ou encore une petite boule de crème glacée à la vanille.

40 g	farine tout usage (type 55)	¼ de tasse
60 g	sucre granulé	¼ de tasse
2 c. à soupe	poudre de cacao non sucrée	2 c. à soupe
1	pincée de sel	1
60 ml	eau	¼ de tasse
2 c. à soupe	huile végétale ou beurre fondu	2 c. à soupe

1. À l'aide d'une fourchette, mélanger la farine, le sucre, le cacao et le sel dans la tasse en défaisant les grumeaux avec soin. Ajouter l'eau et l'huile et mélanger jusqu'à consistance lisse.

2. Cuire au micro-ondes, à intensité élevée, de 60 à 75 secondes (vérifier après 60 secondes) ou jusqu'à ce que le centre du brownie soit pris légèrement (éviter de trop cuire). Laisser reposer au moins 1 minute avant de servir tel quel.

Variantes

Brownie au moka : Dissoudre 1 c. à café (à thé) de café expresso instantané en poudre dans l'eau avant d'ajouter celle-ci. Ajouter 1 c. à soupe de grains de chocolat semi-sucré miniatures dans la pâte.

Brownie épicé : Ajouter ¼ de c. à café (à thé) d'extrait de vanille, ¼ de c. à café (à thé) de cannelle moulue et une pincée de cayenne dans la pâte.

PRÉPARATION À L'AVANCE

Mélanger la farine, le sucre, le cacao et le sel dans la tasse ; couvrir et réserver à température ambiante. Mesurer l'eau et l'huile dans un petit contenant hermétique ; couvrir et réserver à température ambiante jusqu'au moment de l'utilisation.

Palet de granola

Le granola et les barres énergétiques achetés au supermarché sont assez coûteux. Pourquoi ne pas les remplacer par cette recette santé qui ne prendra que quelques minutes de votre temps ? Profitez-en pour faire de nombreuses variantes qui vous changeront de la routine.

1 tasse de 375 à 500 ml (12 à 16 oz)
(vaporiser l'intérieur d'enduit à cuisson antiadhésif)

Trucs ● Si vous êtes intolérant au gluten, achetez des flocons d'avoine certifiés sans gluten. Vous pouvez remplacer le beurre d'arachide par un autre beurre de noix ou de graines (amande, noix de cajou, graines de sésame ou de tournesol). ● Pour varier, omettez le miel et employez la même quantité de sirop d'érable, de sirop d'agave ou de riz brun ou encore de la mélasse de cuisine. ● Ajoutez jusqu'à ¼ de c. à café (à thé) de vos épices moulues préférées (ex. : cannelle, épices pour tarte à la citrouille) à la fin de l'étape 1. ● Si vous laissez le palet de granola au congélateur plus de 10 minutes, il sera difficile de le retirer de la tasse. Si cela se produit, laissez-le décongeler à température ambiante de 10 à 15 minutes avant de le sortir du contenant. ● Utilisez une tasse assez large pour vous faciliter la tâche.

1 ½ c. à soupe	beurre d'arachide crémeux	1 ½ c. à soupe
1 c. à soupe	miel	1 c. à soupe
30 g	flocons d'avoine à cuisson rapide ou gros flocons l'ancienne	⅓ de tasse
1 c. à soupe	fruits séchés hachés (abricots, raisins, canneberges, airelles)	1 c. à soupe

1. Mélanger le beurre d'arachide et le miel dans la tasse. Cuire au micro-ondes, à intensité élevée, de 20 à 40 secondes ou jusqu'à ce qu'ils soient fondus et légèrement bouillonnants.

2. Ajouter le reste des ingrédients et mélanger avec soin. Avec le dos d'une cuillère, presser fermement la préparation dans la tasse. Laisser raffermir au réfrigérateur pendant 20 minutes ou au congélateur pendant 10 minutes. Retirer le palet de granola de la tasse avec le bout de la cuillère.

Variantes

Palet de granola au chocolat : Laisser refroidir la préparation de beurre d'arachide pendant 2 minutes à la fin de l'étape 1 (pour empêcher les grains de chocolat de fondre). Incorporer 2 c. à café (à thé) de grains de chocolat semi-sucré miniatures après avoir ajouté les flocons d'avoine et les fruits séchés à l'étape 2.

Palet de granola protéiné: N'utiliser que 25 g (¼ de tasse) de flocons d'avoine et ajouter 1 c. à soupe de protéine lactosérique à la vanille, de poudre de protéines végétaliennes à la vanille ou de lait en poudre instantané sans gras en même temps que les flocons d'avoine.

PRÉPARATION À L'AVANCE

Mesurer le beurre d'arachide et le miel dans la tasse ; couvrir et réserver à température ambiante. Mesurer le reste des ingrédients dans un petit contenant ou un sac de plastique hermétique ; couvrir et réserver à température ambiante jusqu'au moment de l'utilisation.

CONSERVATION

Ce granola peut être préparé à l'avance. Enveloppez-le dans de la pellicule de plastique, du papier-parchemin, du papier d'aluminium ou mettez-le dans un contenant hermétique. Il se conservera 3 jours à température ambiante ou 1 semaine au réfrigérateur.

Gâteau au fromage

Voici un rêve devenu réalité. Fini les moules, les longues heures de cuisson et de réfrigération et la tentation de manger plus d'un morceau de gâteau...

1 tasse de 375 à 500 ml (12 à 16 oz)
(vaporiser l'intérieur d'enduit à cuisson antiadhésif)

Trucs ●

Pour varier, ajoutez ¼ de c. à café (à thé) d'extrait de vanille à la préparation de fromage. Vous pouvez remplacer le biscuit Graham par n'importe quel autre biscuit croquant broyé. ● Essayez cette recette avec 125 g (½ tasse) de ricotta au lieu du fromage à la crème.

90 g	fromage à la crème, ramolli	⅓ de tasse
1 ½ c. à soupe	sucre granulé	1 ½ c. à soupe
2 c. à soupe	œuf battu	2 c. à soupe
2 c. à soupe	framboises	2 c. à soupe
1	biscuit Graham, broyé grossièrement (environ 1 ½ c. à soupe)	1

1. Dans un petit bol, à l'aide d'une fourchette, battre le fromage avec le sucre et l'œuf jusqu'à consistance lisse. Ajouter les framboises au mélange.

2. Mettre la chapelure de biscuit au fond de la tasse. Couvrir avec la préparation de fromage et lisser le dessus. Cuire au micro-ondes, à intensité élevée, de 75 à 90 secondes ou jusqu'à ce que le centre du gâteau soit légèrement gonflé.

3. Réfrigérer la tasse, sans la couvrir, de 45 à 60 minutes ou jusqu'à ce que le gâteau soit complètement refroidi.

PRÉPARATION À L'AVANCE

Faire l'étape 1 ; couvrir et réfrigérer. Au moment de servir, réchauffer au micro-ondes, à intensité élevée, de 10 à 15 secondes afin que le fromage ramollisse. Mettre la chapelure de biscuit au fond de la tasse ; couvrir et réserver à température ambiante jusqu'au moment de l'utilisation.

Gâteau moelleux
à la banane et au cacao

Voici une recette idéale pour s'initier à la cuisson de desserts au micro-ondes. Le mélange de banane et de cacao étant toujours très populaire, ayez toujours des bananes mûres à portée de la main.

Trucs

● Réduisez la banane en purée presque liquide avant de la mesurer. ● Une banane moyenne donne environ 125 g (½ tasse) de purée. Prenez une banane très tendre et molle. La pelure doit être partiellement ou entièrement couverte de petits points noirs. ● Vous pouvez ajouter 1 c. à soupe de grains de chocolat semi-sucré miniatures dans la pâte avant la cuisson.

2 c. à soupe	poudre de cacao non sucrée	2 c. à soupe
2 c. à café	sucre granulé	2 c. à thé
1	pincée de sel	1
1	gros œuf	1
125 g	banane très mûre, écrasée	½ tasse

1. À l'aide d'une fourchette, mélanger tous les ingrédients dans la tasse jusqu'à consistance lisse.

2. Cuire au micro-ondes, à intensité élevée, de 60 à 90 secondes (vérifier après 60 secondes) ou jusqu'à ce que le gâteau soit gonflé et pris légèrement au centre. Laisser tiédir ou refroidir dans la tasse avant de servir tel quel.

Variante

Gâteau moelleux au moka : Remplacer la banane par la même quantité de compote de pommes et augmenter la quantité de sucre à 3 ½ c. à soupe. Ajouter ½ c. à café (à thé) de café instantané en poudre à l'étape 1.

PRÉPARATION À L'AVANCE

Faire l'étape 1 ; couvrir et réfrigérer jusqu'au moment de l'utilisation.

Petits-déjeuners

Gruau de quinoa

1 tasse de 500 ml (16 oz)

Le quinoa contient beaucoup de vitamines et minéraux en plus des principaux oligo-éléments. Ce porridge rempli de nutriments vous permettra d'entreprendre la journée du bon pied.

Trucs ● Si vous ne mettez pas de fruits séchés dans la recette, servez ce gruau avec 40 g (¼ de tasse) de fruits frais en dés (pêche, pomme, poire) ou de petits fruits (framboises, fraises, mûres). ● Ajoutez des protéines et du croquant à votre gruau en le garnissant avec 1 à 2 c. à soupe de noix ou de graines (pacanes, noix de Grenoble, graines de citrouille, de chia ou de tournesol), grillées ou non. ● Ce porridge sera encore meilleur si vous ajoutez ¼ de c. à café (à thé) d'extrait de vanille ou de zeste d'agrume râpé finement en même temps que le lait.

45 g	quinoa, rincé	¼ de tasse
1	pincée de sel	1
160 ml	eau	⅔ de tasse
1 ½ c. à soupe	fruits séchés (raisins, canneberges, airelles, dattes hachées)	1 ½ c. à soupe
⅛ de c. à café	cannelle moulue	⅛ de c. à thé
2 c. à soupe	lait ou boisson de soja, de riz, de chanvre ou d'amande	2 c. à soupe
	Miel, sirop d'agave, sirop d'érable, cassonade ou stevia (facultatif)	

1. Mélanger le quinoa, le sel et l'eau dans la tasse. Cuire au micro-ondes, à intensité élevée, pendant 4 minutes. Remuer et cuire à intensité élevée de 3 à 4 minutes ou jusqu'à ce que le quinoa soit tendre et l'eau presque complètement absorbée.

2. Incorporer les fruits séchés, la cannelle et le lait. Couvrir de papier d'aluminium et laisser reposer 2 minutes. Sucrer au goût.

Variante

Quinoa, pomme et érable : Omettre les fruits séchés. Ajouter 80 g (⅓ de tasse) de pomme, pelée et hachée, au cours des 3 dernières minutes de cuisson. Sucrer avec du sirop d'érable.

PRÉPARATION À L'AVANCE

Mesurer le quinoa et le sel dans la tasse ; couvrir et réserver à température ambiante. Mesurer les fruits séchés, la cannelle et le lait dans un petit contenant hermétique ; couvrir et réfrigérer jusqu'au moment de l'utilisation.

Clafoutis aux pêches

Le clafoutis est un heureux croisement entre le flan et la crêpe aux fruits. La recette traditionnelle demande des cerises, mais n'importe quel fruit coupé en dés – frais, en conserve ou décongelé – fera l'affaire dans cette recette.

1 tasse de 500 ml (16 oz)

Trucs ●

Pour mesurer l'œuf, battez 1 gros œuf au fouet dans un petit contenant hermétique, puis mettez-en 2 c. à soupe dans la tasse tel qu'indiqué. Couvrez et conservez le reste au réfrigérateur pas plus de 2 jours. ● Vous pouvez remplacer 2 c. à soupe d'œuf battu par 1 petit œuf.

1 c. à soupe	beurre	1 c. à soupe
3 c. à soupe	farine tout usage (type 55)	3 c. à soupe
2 c. à soupe	sucre granulé	2 c. à soupe
1	pincée de sel	1
40 g	pêches décongelées en dés ou en conserve, égouttées	¼ de tasse
2 c. à soupe	œuf battu	2 c. à soupe
1 c. à soupe	lait	1 c. à soupe
⅛ de c. à café	extrait de vanille (facultatif)	⅛ de c. à thé
	Sucre glace (facultatif)	

1. Au micro-ondes, à intensité élevée, faire fondre le beurre dans la tasse de 15 à 25 secondes. Incorporer le reste des ingrédients, sauf le sucre glace.
2. Cuire à intensité élevée, de 75 à 90 secondes, ou jusqu'à ce que le clafoutis soit gonflé et pris au centre. Saupoudrer de sucre glace au goût.

Variantes

Clafoutis sans gluten aux pêches : Remplacer la farine par de la farine tout usage sans gluten. Omettre le sucre glace ou s'assurer qu'il est exempt de gluten.

Clafoutis aux fruits séchés : Remplacer les pêches par 2 c. à soupe de fruits séchés hachés (canneberges, airelles, abricots, figues). Doubler la quantité de lait.

Clafoutis aux petits fruits : Remplacer les pêches par 40 g (¼ de tasse) de framboises ou de bleuets (myrtilles) frais.

PRÉPARATION À L'AVANCE

Mélanger le beurre dans la tasse ; couvrir et réfrigérer. Mesurer le reste des ingrédients, sauf le sucre glace, dans un petit contenant hermétique ; couvrir et réfrigérer jusqu'au moment de l'utilisation.

Crêpe aux framboises à ma façon

Cette crêpe déconstruite très originale est empreinte de légèreté et de bon goût.

Trucs ● Essayez cette recette avec votre confiture, gelée, tartinade de fruits ou marmelade préférée au lieu de la confiture de framboises. ● Le fromage cottage peut être remplacé par la même quantité de ricotta. ● Pour mesurer l'œuf, battez 1 gros œuf au fouet dans un petit contenant hermétique, puis mettez-en 2 c. à soupe dans la tasse tel qu'indiqué. Couvrez et conservez le reste au réfrigérateur pas plus de 2 jours. ● Vous pouvez remplacer 2 c. à soupe d'œuf battu par 1 petit œuf.

1 c. à soupe	farine tout usage (type 55)	1 c. à soupe
1 c. à soupe	sucre granulé	1 c. à soupe
1	pincée de sel	1
55 g	fromage cottage	¼ de tasse
3 c. à soupe	yogourt grec nature	3 c. à soupe
2 c. à soupe	œuf battu	2 c. à soupe
⅛ de c. à café	extrait de vanille (facultatif)	⅛ de c. à thé
2 c. à café	confiture de framboises	2 c. à thé
	Sucre glace	

1. Bien mélanger la farine, le sucre, le sel, le fromage, le yogourt, l'œuf et la vanille dans la tasse.

2. Cuire au micro-ondes, à intensité élevée, de 75 à 90 secondes (vérifier après 75 secondes) ou jusqu'à ce que le centre de la préparation soit pris légèrement. Laisser reposer 5 minutes. Couvrir de confiture et saupoudrer de sucre glace.

Variante

Crêpe aux framboises sans gluten : Remplacer la farine par de la farine d'amande ou de la farine tout usage sans gluten. Omettre le sucre glace ou s'assurer qu'il est exempt de gluten.

PRÉPARATION À L'AVANCE

Mesurer la farine, le sucre granulé et le sel dans la tasse ; couvrir et réserver à température ambiante. Mesurer le fromage, le yogourt, l'œuf et la vanille dans un petit contenant hermétique ; couvrir et réfrigérer jusqu'au moment de l'utilisation.

Œuf et haricots
au cumin

Vous aurez l'embarras du choix pour accompagner ce plat : tortilla de blé ou de maïs chaude, oignons verts hachés, coriandre fraîche hachée, crème sure, crème aigre ou yogourt grec nature, guacamole ou avocat en dés, sauce piquante, fromage queso blanco émietté ou cheddar râpé.

Trucs ● Si vous préférez un jaune d'œuf ferme, faites cuire l'œuf à intensité élevée de 60 à 75 secondes à l'étape 3. ● Le jaune d'œuf cuit plus rapidement que le blanc au four à micro-ondes. Si vous aimez que le jaune reste coulant, arrêtez la cuisson alors que le blanc n'est pas encore tout à fait pris. Il raffermira au contact des tomates chaudes. ● Les tomates peuvent être remplacées par 125 ml (½ tasse) de salsa épaisse et croquante.

125 g	tomates en dés aux piments verts, avec le jus	½ tasse
70 g	haricots noirs ou pinto en conserve, rincés et égouttés	⅓ de tasse
⅛ de c. à café	cumin moulu (facultatif)	⅛ de c. à thé
1	gros œuf	1

1. Mélanger les tomates, les haricots et le cumin dans la tasse. Réchauffer au micro-ondes, à intensité élevée, de 1 ½ à 2 minutes.

2. Faire un puits au centre de la préparation et y casser l'œuf en prenant soin de ne pas crever le jaune.

3. Couvrir la tasse avec une soucoupe. Cuire à intensité moyenne-élevée (70 %) pendant 60 secondes. Si le blanc d'œuf n'est pas pris légèrement, cuire à intensité élevée de 15 à 20 secondes de plus. Servir avec les accompagnements choisis.

Variante

Œuf à la sauce verte : Remplacer les tomates par 125 ml (½ tasse) de sauce verte pour enchiladas.

PRÉPARATION À L'AVANCE

Mélanger les tomates, les haricots et le cumin dans la tasse ; couvrir et réfrigérer jusqu'au moment de l'utilisation.

Œufs et jambon
au pesto

1 tasse de 375 à 500 ml (12 à 16 oz)

L'ajout de pesto de basilic et de persil à parts égales donne une belle couleur vive à ce plat en plus d'atténuer le goût fumé du jambon.

Trucs ●
Si vous n'avez pas de pesto maison, celui du commerce donnera aussi de bons résultats. ● Faute de jambon, prenez 1 c. à soupe de miettes de bacon précuit ou de saucisse fumée cuite et hachée.

2	gros œufs	2
1 c. à soupe	pesto de basilic	1 c. à soupe
2 c. à soupe	jambon haché	2 c. à soupe
1 c. à soupe	persil frais haché	1 c. à soupe

1. À l'aide d'un fouet, battre vigoureusement les œufs et le pesto dans la tasse. Ajouter le jambon et le persil.

2. Cuire au micro-ondes, à intensité élevée, pendant 30 secondes. Remuer et cuire de 30 à 45 secondes de plus ou jusqu'à ce que les œufs soient gonflés et pris légèrement au centre.

Variantes

Blancs d'œufs et jambon au pesto : Remplacer 1 œuf par 2 blancs d'œufs.

Œufs et ricotta au pesto : Remplacer le jambon par la même quantité de ricotta en remuant doucement afin que le fromage reste en petites mottes.

PRÉPARATION À L'AVANCE

Faire l'étape 1 ; couvrir et réfrigérer jusqu'au moment de l'utilisation.

Compote
de petits fruits à l'érable et yogourt

1 tasse de 500 ml (16 oz)

Onctueux et légèrement acidulé, le yogourt grec apporte une touche crémeuse à cette compote parfumée à la cannelle et au sirop d'érable. Une façon simple d'entreprendre la journée avec style.

Trucs

● Cette compote fait aussi un dessert pas trop sucré. Vous pouvez remplacer le granola par des biscuits émiettés ou des amandes grillées. ● Le yogourt grec aux fruits ou à la vanille convient également pour cette recette.

160 g	petits fruits variés surgelés	1 tasse
2 c. à soupe	sirop d'érable	2 c. à soupe
⅛ de c. à café	cannelle moulue	⅛ de c. à thé
125 g	yogourt grec nature	½ tasse
2 c. à soupe	granola (facultatif)	2 c. à soupe

1. Dans une grande tasse, mélanger les petits fruits, 4 c. à café (à thé) de sirop d'érable et la cannelle.

2. Cuire au micro-ondes, à intensité élevée, pendant 60 secondes. Remuer à la fourchette, puis écraser grossièrement les fruits. Remettre à intensité élevée de 60 à 90 secondes ou jusqu'à ce que les bords de la compote soient bouillonnants. Laisser refroidir de 1 à 2 minutes.

3. Garnir de yogourt, saupoudrer de granola et arroser avec le reste du sirop d'érable.

Variante

Compote de mûres et yogourt à la cardamome : Remplacer les petits fruits par des mûres surgelées et le sirop d'érable par du miel. Omettre la cannelle et mélanger le yogourt avec une pincée de cardamome.

PRÉPARATION À L'AVANCE

Mélanger les petits fruits, 4 c. à café (à thé) de sirop d'érable et la cannelle dans la tasse ; couvrir et réfrigérer. Mesurer le yogourt dans un petit contenant hermétique ; couvrir et réfrigérer jusqu'au moment de l'utilisation.

Biscuit au babeurre

*Peu d'ingrédients et peu de travail pour
un maximum de saveur !*

1 tasse de 375 à
500 ml (12 à 16 oz)
(vaporiser l'intérieur d'enduit
à cuisson antiadhésif)

Trucs ● On peut remplacer le sucre par la même quantité de cassonade ou de
sucre roux. ● Ajoutez 1 c. à soupe de fruits séchés (raisins, canneberges, airelles,
cerises, bleuets ou myrtilles) ou 1 c. à soupe de noix hachées (pacanes, noix de Grenoble)
ou 2 c. à café (à thé) de graines de sésame grillées en même temps que le babeurre.

40 g	farine tout usage (type 55)	¼ de tasse
1 ½ c. à soupe	germe de blé	1 ½ c. à soupe
1 c. à café	sucre granulé	1 c. à thé
¼ de c. à café	levure chimique (poudre à pâte)	¼ de c. à thé
1	pincée de sel	1
1 c. à soupe	beurre froid, en petits morceaux	1 c. à soupe
1	gros jaune d'œuf	1
1 c. à soupe	babeurre ou lait	1 c. à soupe

1. Dans la tasse, à l'aide d'une fourchette, mélanger la farine, le germe de blé, le sucre,
la levure chimique et le sel. Du bout des doigts, mélanger le beurre avec les ingrédients
secs jusqu'à formation de miettes grossières. À l'aide d'une fourchette, incorporer le
jaune d'œuf et le babeurre avec soin.

2. Cuire au micro-ondes, à intensité élevée, de 1 ½ à 2 ½ minutes ou jusqu'à ce que le
centre du biscuit soit pris légèrement. Laisser tiédir ou refroidir dans la tasse. Servir tel
quel ou dans une petite assiette.

Variantes

Biscuit au babeurre aux fines herbes : Ajouter 2 c. à café (à thé) de fines herbes fraîches
(persil, basilic, aneth, ciboulette), émincées, ou ¾ de c. à café (à thé) de fines herbes
séchées en même temps que le babeurre.

Biscuit au miel : Remplacer le sucre par 1 ½ c. à café (à thé) de miel.

PRÉPARATION À L'AVANCE

Mélanger la farine, le germe de blé, le sucre, la levure chimique et le sel dans la tasse,
puis incorporer le beurre tel qu'indiqué à l'étape 1 ; couvrir et réfrigérer. Mesurer le
babeurre dans un petit contenant hermétique ; couvrir et réfrigérer jusqu'au moment
de l'utilisation.

Brioche à la cannelle

La cannelle est l'une des épices les plus enivrantes au monde. Qui saura résister à cette brioche exquise ?

1 tasse de 375 à 500 ml (12 à 16 oz)

(vaporiser l'intérieur d'enduit à cuisson antiadhésif)

Trucs ● Pour mesurer l'œuf, battez 1 gros œuf au fouet dans un petit contenant hermétique, puis mettez-en 2 c. à soupe dans la tasse tel qu'indiqué. Couvrez et conservez le reste au réfrigérateur pas plus de 2 jours. ● Le beurre peut être remplacé par 1 c. à soupe d'huile de noix de coco ou d'huile végétale. ● Au lieu de faire le glaçage, nappez la brioche avec du fromage à la crème aromatisé de miel. ● Une goutte d'extrait de vanille parfumera divinement le glaçage. ● Pour varier, employez des épices pour tarte à la citrouille au lieu de la cannelle.

Gâteau

1 c. à soupe	beurre	1 c. à soupe
2 c. à soupe	œuf battu	2 c. à soupe
1 c. à soupe	lait	1 c. à soupe
¼ de c. à café	extrait de vanille	¼ de c. à thé
50 g	farine tout usage (type 55)	⅓ de tasse
2 ½ c. à soupe	cassonade ou sucre roux	2 ½ c. à soupe
¾ de c. à café	cannelle moulue	¾ de c. à thé
¼ de c. à café	levure chimique (poudre à pâte)	¼ de c. à thé
⅛ de c. à café	sel	⅛ de c. à thé

Glaçage

3 c. à soupe	sucre glace	3 c. à soupe
¾ de c. à café	lait	¾ de c. à thé

1. Gâteau : Au micro-ondes, à intensité élevée, faire fondre le beurre dans la tasse de 20 à 25 secondes. Ajouter l'œuf, le lait et la vanille en mélangeant avec soin. À l'aide d'une fourchette, incorporer les ingrédients secs et bien mélanger jusqu'à consistance lisse.

2. Cuire à intensité élevée de 60 à 90 secondes (vérifier après 60 secondes) ou jusqu'à ce que la brioche soit gonflée et prise légèrement au centre.

3. Glaçage : Dans un petit bol, mélanger le sucre glace et le lait jusqu'à consistance lisse.

4. Verser le glaçage sur la brioche ou l'étaler uniformément. Servir tel quel ou dans une petite assiette.

Variante

Brioche à la cannelle sans gluten : Remplacer 1 œuf par 2 blancs d'œufs.

Gâteau danois

Ce gâteau illuminera votre week-end, et votre maison sera remplie du parfum incomparable de la cannelle.

1 tasse de 375 à 500 ml (12 à 16 oz)
(vaporiser l'intérieur d'enduit à cuisson antiadhésif)

Truc ● La garniture a un goût de cannelle très prononcé.
Pour en atténuer le goût, utilisez-en moins, soit ¼ de c. à café (à thé).

Garniture

1 c. à soupe	beurre	1 c. à soupe
2 c. à soupe	farine tout usage (type 55)	2 c. à soupe
1 c. à soupe	cassonade ou sucre roux	1 c. à soupe
1 c. à café	cannelle moulue	1 c. à thé

Gâteau

1 ½ c. à soupe	beurre	1 ½ c. à soupe
2 c. à soupe	sucre granulé	2 c. à soupe
2 c. à soupe	œuf battu	2 c. à soupe
1 ½ c. à soupe	yogourt grec nature	1 ½ c. à soupe
⅛ de c. à café	extrait de vanille	⅛ de c. à thé
40 g	farine tout usage (type 55)	¼ de tasse
¼ de c. à café	levure chimique (poudre à pâte)	¼ de c. à thé
1	pincée de sel	1

1. Garniture : Au micro-ondes, à intensité élevée, laisser ramollir le beurre dans la tasse de 10 à 15 secondes sans le laisser fondre. À l'aide d'une fourchette, incorporer la farine, la cassonade et la cannelle jusqu'à consistance friable. Transvider dans un petit bol.

2. Gâteau : Dans la même tasse (inutile de la laver), à intensité élevée, faire ramollir le beurre de 10 à 15 secondes sans le laisser fondre. À l'aide d'une fourchette, incorporer le sucre jusqu'à consistance duveteuse. Ajouter l'œuf, le yogourt et la vanille en mélangeant avec soin. Incorporer la farine, la levure chimique et le sel. Couvrir avec la garniture réservée.

3. Cuire à intensité élevée de 60 à 75 secondes (vérifier après 60 secondes) ou jusqu'à ce que le centre du gâteau soit pris légèrement. Servir tel quel ou dans une petite assiette.

Variante

Gâteau danois épicé aux canneberges : Remplacer la cannelle par des épices pour tarte à la citrouille. Ajouter 1 c. à soupe de canneberges (airelles) dans la pâte.

Strata aux tomates et au parmesan

1 tasse de 500 ml (16 oz)

La strata ressemble au pouding de pain perdu. Il est recommandé d'utiliser du pain rassis ou grillé pour bien absorber l'œuf battu. Les croûtons donnent à ce plat un goût grillé fort agréable.

Trucs
● Pour varier le goût de la strata, ajoutez 1 à 2 c. à soupe de jambon haché, de dés de saucisse fumée ou de miettes de bacon précuit à la préparation d'œuf. ● Congelez le reste des tomates dans un petit sac de congélation hermétique ou encore en portions de 65 g (¼ de tasse) en prenant soin d'y inscrire le contenu et la date. Elles se conserveront ainsi pendant 3 mois. Laissez-les décongeler au micro-ondes ou au réfrigérateur avant usage.

1	gros œuf	1
125 ml	lait	½ tasse
1 c. à soupe	parmesan râpé	1 c. à soupe
1 c. à soupe	persil frais haché	1 c. à soupe
¼ de c. à café	assaisonnement à l'italienne	¼ de c. à thé
65 g	tomates en dés fraîches ou en conserve, égouttées	¼ de tasse
40 g	petits croûtons nature	1 tasse

1. À l'aide d'une fourchette, battre vigoureusement l'œuf, le lait, le parmesan, le persil et l'assaisonnement à l'italienne dans la tasse. Incorporer les tomates. Ajouter les croûtons en remuant et en les pressant pour qu'ils absorbent le liquide. Laisser reposer au moins 15 minutes. Presser et tasser les croûtons à l'aide d'une fourchette.

2. Cuire au micro-ondes, à intensité élevée, de 1 ½ à 2 ½ minutes (vérifier après 1 ½ minute) ou jusqu'à ce que la strata soit ferme au toucher et le liquide absorbé.

Variantes

Strata aux champignons et au fromage suisse : Remplacer le parmesan par 2 c. à soupe de fromage suisse râpé et les tomates par 3 c. à soupe de morceaux de champignons en pot ou en conserve, égouttés.

Strata aux poivrons et au fromage de chèvre : Remplacer le parmesan par 2 c. à soupe de fromage de chèvre émietté et les tomates par 3 c. à soupe de poivrons rouges rôtis en pot, égouttés et hachés.

Strata au piment chipotle et au cheddar : Remplacer le parmesan par 2 c. à soupe de cheddar râpé et les tomates par 60 ml (¼ de tasse) de salsa au piment chipotle.

Pain au pesto minute

Il suffit d'un peu de pesto de basilic pour obtenir un excellent pain vite fait.

1 tasse de 375 à 500 ml (12 à 16 oz)
(vaporiser l'intérieur d'enduit à cuisson antiadhésif)

Trucs ● Pour mesurer l'œuf, battez 1 gros œuf au fouet dans un petit conte-
nant hermétique, puis mettez-en 2 c. à soupe dans la tasse tel qu'indiqué. Couvrez et conservez le reste au réfrigérateur pas plus de 2 jours. ● Vous pouvez remplacer 2 c. à soupe d'œuf battu par 1 petit œuf. ● Si vous n'avez pas de pesto sous la main, mélangez 1 ½ c. à soupe d'huile végétale (d'olive ou autre), 2 c. à café (à thé) de basilic séché, ¼ de c. à café (à thé) de poudre d'ail et, si désiré, 2 c. à café (à thé) de parmesan râpé.

40 g	farine tout usage (type 55)	¼ de tasse
¼ de c. à café	levure chimique (poudre à pâte)	¼ de c. à thé
2 c. à soupe	œuf battu	2 c. à soupe
2 c. à soupe	pesto de basilic	2 c. à soupe
1 c. à soupe	lait	1 c. à soupe

1. Mélanger la farine et la levure chimique dans la tasse. Incorporer avec soin l'œuf, le pesto et le lait.

2. Cuire au micro-ondes, à intensité élevée, de 1 à 2 minutes (vérifier après 1 minute) ou jusqu'à ce que le centre du pain soit pris légèrement. Laisser tiédir ou refroidir dans la tasse. Servir tel quel ou dans une petite assiette.

Variante

Pain à la tapenade : Remplacer le pesto par 1 c. à soupe de tapenade d'olives et 1 c. à soupe d'huile d'olive.

PRÉPARATION À L'AVANCE

Mélanger la farine et la levure chimique dans la tasse ; couvrir et réserver à température ambiante. Mesurer l'œuf, le pesto et le lait dans un petit contenant hermétique ; couvrir et réfrigérer jusqu'au moment de l'utilisation.

CONSERVATION

Ce pain peut être préparé à l'avance. Démoulez-le et laissez-le refroidir complètement, puis enveloppez-le dans de la pellicule de plastique, du papier-parchemin, du papier d'aluminium ou mettez-le dans un contenant hermétique. Il se conservera 1 jour à température ambiante ou 2 jours au réfrigérateur.

Pain au cheddar et au parmesan

Votre repas du midi ne sera jamais plus le même grâce à ce pain qui accompagne brillamment les soupes et les potages.

Trucs

● Le beurre peut être remplacé par 1 c. à soupe d'huile végétale (d'olive ou autre). ● Pour mesurer l'œuf, battez 1 gros œuf au fouet dans un petit contenant hermétique, puis mettez-en 2 c. à soupe dans la tasse tel qu'indiqué. Couvrez et conservez le reste au réfrigérateur pas plus de 2 jours. ● Vous pouvez remplacer 2 c. à soupe d'œuf battu par 1 petit œuf.

1 c. à soupe	beurre	1 c. à soupe
2 c. à soupe	œuf battu	2 c. à soupe
1 c. à soupe	lait	1 c. à soupe
40 g	farine tout usage (type 55)	¼ de tasse
3 c. à soupe	cheddar fort, râpé	3 c. à soupe
1 c. à soupe	parmesan râpé	1 c. à soupe
¼ de c. à café	levure chimique (poudre à pâte)	¼ de c. à thé

1. Au micro-ondes, faire fondre le beurre dans la tasse de 15 à 30 secondes. À l'aide d'une fourchette, battre l'œuf et le lait dans la tasse. Toujours avec la fourchette, incorporer la farine, les fromages et la levure chimique jusqu'à consistance lisse.

2. Cuire au micro-ondes, à intensité élevée, de 1 à 2 minutes (vérifier après 1 minute) ou jusqu'à ce que le centre du pain soit pris légèrement. Laisser tiédir ou refroidir dans la tasse. Servir tel quel ou dans une petite assiette.

Variantes

Pain au parmesan et au poivre noir : Omettre le cheddar et doubler la quantité de parmesan. Ajouter ⅛ de c. à café (à thé) de poivre noir concassé.

Pain au fromage monterey jack aux piments : Remplacer le cheddar par du monterey jack aux piments râpé. Ajouter ¼ de c. à café (à thé) d'assaisonnement au chili.

CONSERVATION

Ce pain peut être préparé à l'avance. Démoulez-le et laissez-le refroidir complètement. Enveloppez-le dans de la pellicule de plastique, du papier-parchemin, du papier d'aluminium ou mettez-le dans un contenant hermétique. Il se conservera 1 jour à température ambiante ou 2 jours au réfrigérateur.

Pain aux courgettes

Pour obtenir un pain des plus nutritifs, ne pelez pas les courgettes avant de les râper puisque la pelure contient du bêtacarotène. Ce légume est aussi riche en folate et en potassium.

Trucs

● Pour mesurer l'œuf, battez 1 gros œuf au fouet dans un petit contenant hermétique, puis mettez-en 2 c. à soupe dans la tasse tel qu'indiqué. Couvrez et conservez le reste au réfrigérateur pas plus de 2 jours. ● Vous pouvez remplacer 2 c. à soupe d'œuf battu par 1 petit œuf. ● Utilisez 1 ½ c. à soupe de miel ou de cassonade si vous n'aimez pas le sucre blanc. ● Ajoutez 1 c. à soupe de fruits séchés (raisins, canneberges, airelles, cerises, bleuets ou myrtilles) en même temps que l'œuf. ● Ajoutez ¼ de c. à café (à thé) d'extrait de vanille en même temps que l'huile pour donner encore plus de goût au pain.

3 c. à soupe	farine tout usage (type 55)	3 c. à soupe
¼ de c. à café	cannelle moulue	¼ de c. à thé
¼ de c. à café	levure chimique (poudre à pâte)	¼ de c. à thé
⅛ de c. à café	sel	⅛ de c. à thé
30 g	courgettes râpées	¼ de tasse
2 c. à soupe	œuf battu	2 c. à soupe
1 ½ c. à soupe	sucre granulé	1 ½ c. à soupe
1 c. à soupe	huile végétale	1 c. à soupe

1. Mélanger la farine, la cannelle, la levure chimique et le sel dans la tasse. Ajouter le reste des ingrédients et bien mélanger.

2. Cuire au micro-ondes, à intensité élevée, de 1 ½ à 2 ½ minutes (vérifier après 1 ½ minute) ou jusqu'à ce que le centre du pain soit pris. Laisser tiédir ou refroidir dans la tasse. Servir tel quel ou dans une petite assiette.

Variantes

Pain aux carottes : Remplacer les courgettes par la même quantité de carottes râpées.

Pain aux courgettes et au chocolat : N'utiliser que 2 c. à soupe de farine et ajouter 2 c. à soupe de poudre de cacao non sucrée. Employer 5 c. à café (à thé) de sucre au lieu de 1 ½ c. à soupe. Si désiré, incorporer 2 c. à café (à thé) de grains de chocolat semi-sucré.

CONSERVATION

Ce pain peut être préparé à l'avance. Démoulez-le et laissez-le refroidir complètement. Enveloppez-le dans de la pellicule de plastique, du papier-parchemin, du papier d'aluminium ou mettez-le dans un contenant hermétique. Il se conservera 1 jour à température ambiante ou 2 jours au réfrigérateur.

Muffin aux bleuets et au germe de blé

Ce muffin moelleux et peu sucré ne prendra que 2 minutes de votre temps.

Trucs
● Remplacez les bleuets ou les myrtilles par d'autres petits fruits (framboises, mûres) ou 40 g (¼ de tasse) de fruits frais en dés (pêche, pomme, poire). Sinon, employez tout simplement 2 c. à soupe de fruits séchés (raisins, canneberges, airelles ou abricots hachés). ● À l'étape 1, ajoutez ⅛ de c. à café (à thé) de votre épice moulue préférée (cannelle, gingembre, épices pour tarte à la citrouille) en même temps que le germe de blé. ● Incorporez ¼ de c. à café (à thé) d'extrait de vanille ou de zeste d'agrume râpé finement en même temps que la cassonade.

3 c. à soupe	germe de blé grillé	3 c. à soupe
½ c. à café	levure chimique (poudre à pâte)	½ c. à thé
⅛ de c. à café	sel	⅛ de c. à thé
1	gros œuf	1
3 c. à soupe	banane très mûre, écrasée	3 c. à soupe
1 c. à soupe	cassonade pâle ou sucre roux	1 c. à soupe
8 à 12	bleuets ou myrtilles (selon la grosseur)	8 à 12

1. Mélanger le germe de blé, la levure chimique et le sel dans la tasse. Ajouter l'œuf, la banane et la cassonade. Bien mélanger et couvrir avec les bleuets.

2. Cuire au micro-ondes, à intensité élevée, de 80 à 90 secondes (vérifier après 80 secondes) ou jusqu'à ce que le centre du muffin soit pris légèrement. Laisser tiédir ou refroidir dans la tasse. Servir tel quel ou dans une petite assiette.

Variantes

Muffin aux bleuets sans gluten : Remplacer le germe de blé par la même quantité de graines de lin moulues.

Muffin aux bleuets et à la compote de pommes : Remplacer la banane par la même quantité de compote de pommes sucrée ou non.

Muffin aux bleuets sans sucre : Remplacer la cassonade par ½ c. à café (à thé) de stevia.

CONSERVATION

Ce muffin peut être préparé à l'avance. Démoulez-le et laissez-le refroidir complètement. Enveloppez-le dans de la pellicule de plastique, du papier-parchemin, du papier d'aluminium ou mettez-le dans un contenant hermétique. Il se conservera 1 jour à température ambiante ou 2 jours au réfrigérateur.

Muffin aux pommes

Ce muffin peu sucré est meilleur si l'on utilise une variété de pomme assez sucrée telle que la Red Delicious ou la Braeburn.

1 tasse de 375 à 500 ml (12 à 16 oz)

(vaporiser l'intérieur d'enduit à cuisson antiadhésif)

Trucs ● Pour mesurer l'œuf, battez 1 gros œuf au fouet dans un petit contenant hermétique, puis mettez-en 2 c. à soupe dans la tasse tel qu'indiqué. Couvrez et conservez le reste au réfrigérateur pas plus de 2 jours. ● Vous pouvez remplacer 2 c. à soupe d'œuf battu par 1 petit œuf. ● Si désiré, employez 1 ½ c. à soupe de sucre granulé pour remplacer la cassonade. ● Vous pouvez remplacer la muscade par ¼ de c. à café (à thé) de cannelle moulue.

1 c. à soupe	beurre	1 c. à soupe
2 c. à soupe	œuf battu	2 c. à soupe
1 ½ c. à soupe	cassonade ou sucre roux	1 ½ c. à soupe
1 c. à soupe	lait	1 c. à soupe
30 g	pomme non pelée, râpée	¼ de tasse
3 c. à soupe	farine tout usage (type 55)	3 c. à soupe
¼ de c. à café	levure chimique (poudre à pâte)	¼ de c. à thé
$\frac{1}{8}$ de c. à café	muscade moulue	$\frac{1}{8}$ de c. à thé
$\frac{1}{8}$ de c. à café	sel	$\frac{1}{8}$ de c. à thé

1. Au micro-ondes, faire fondre le beurre dans la tasse de 15 à 25 secondes. À l'aide d'une fourchette, battre l'œuf, la cassonade et le lait dans la tasse. Toujours avec la fourchette, incorporer le reste des ingrédients avec soin.

2. Cuire au micro-ondes, à intensité élevée, de 1 ½ à 2 ½ minutes (vérifier après 1 ½ minute) ou jusqu'à ce que le centre du muffin soit pris légèrement. Laisser tiédir ou refroidir dans la tasse. Servir tel quel ou dans une petite assiette.

Variantes

Muffin aux pommes et au cheddar: Omettre la cassonade et la muscade. Ajouter 2 c. à soupe de cheddar fort râpé en même temps que la pomme. Si désiré, ajouter $\frac{1}{8}$ de c. à café (à thé) de sauge séchée.

Muffin aux poires: Remplacer la pomme par la même quantité de poire mûre, râpée.

Muffin aux pommes sans gluten: Remplacer la farine tout usage par de la farine d'amande. S'assurer que la levure chimique ne renferme pas de gluten.

Soupes, chilis et ragoûts

Minestrone
du printemps

Cette soupe verte annonce le printemps de belle façon. L'ajout de pesto de basilic rehausse magnifiquement son goût. Servez-la avec du parmesan râpé ou du fromage de chèvre émietté.

Trucs ●
Essayez aussi cette soupe avec des morceaux d'asperges surgelés au lieu des haricots verts. ● Congelez le reste des haricots blancs dans un petit sac de congélation hermétique ou encore en portions de 100 g (½ tasse) en prenant soin d'y inscrire le contenu et la date. Ils se conserveront ainsi pendant 3 mois. Laissez-les décongeler au micro-ondes ou au réfrigérateur avant usage.

100 g	haricots verts surgelés en morceaux	½ tasse
250 ml	bouillon de poulet ou de légumes	1 tasse
100 g	haricots blancs en conserve, rincés et égouttés	½ tasse
40 g	petits pois surgelés	¼ de tasse
1 ½ c. à soupe	oignons verts hachés finement	1 ½ c. à soupe
1 c. à soupe	pesto de basilic	1 c. à soupe

1. Mettre les haricots verts et le bouillon dans la tasse. Réchauffer au micro-ondes, à intensité élevée, de 1 ½ à 2 minutes.

2. Dans un petit bol, à l'aide d'une fourchette, écraser grossièrement la moitié des haricots blancs. Transvider dans la tasse, puis ajouter le reste des haricots blancs, les pois et les oignons verts. Mélanger et réchauffer à intensité élevée de 1 à 2 minutes. Incorporer le pesto et servir avec les accompagnements choisis.

PRÉPARATION À L'AVANCE

Mélanger les haricots verts et le bouillon dans la tasse ; couvrir et réfrigérer (réduire le temps de cuisson de 30 secondes à l'étape 1). Écraser la moitié des haricots blancs dans un petit contenant hermétique, puis ajouter le reste des haricots blancs, les pois et les oignons verts ; couvrir et réfrigérer. Mesurer le pesto dans un petit contenant hermétique ; couvrir et réfrigérer jusqu'au moment de l'utilisation.

Petite soupe aux pois

Cette soupe débordante de santé plaira aux palais les plus raffinés.

1 tasse de 500 ml (16 oz)

Truc ● Si vous utilisez un robot culinaire, procédez en deux fois au moment de réduire les pois et les fines herbes en purée afin d'éviter les débordements. La texture de la soupe ne sera toutefois pas aussi lisse qu'au mélangeur.

Mélangeur

120 g	petits pois verts, décongelés	¾ de tasse
40 g	feuilles de basilic, menthe ou persil, bien tassées	¼ de tasse
125 ml	bouillon de poulet ou de légumes	½ tasse
½ c. à café	jus de citron	½ c. à thé
	Sel et poivre du moulin	

1. Au mélangeur, réduire les pois, les fines herbes et le bouillon en purée lisse.

2. Transvider dans la tasse. Réchauffer au micro-ondes, à intensité élevée, de 1 à 2 minutes (vérifier après 1 minute). Ajouter le jus de citron et assaisonner au goût.

PRÉPARATION À L'AVANCE

Mélanger les pois, le basilic et le bouillon dans un petit contenant hermétique ; couvrir et réfrigérer. Mesurer le jus de citron dans un petit contenant hermétique ; couvrir et réfrigérer jusqu'au moment de l'utilisation.

Soupe à l'oignon
du bistro

1 tasse de 500 ml (16 oz)

Cette soupe demande une cuisson un peu plus longue, mais vous ne le regrettez pas.

Trucs
● Pour que l'oignon devienne parfaitement tendre à la cuisson, débarrassez-le de ses pelures coriaces et de ses fines membranes avant de le couper en tranches minces. ● Pour faire une soupe végétarienne, prenez du bouillon de légumes au lieu du bouillon de bœuf.

1 c. à soupe	beurre	1 c. à soupe
1	oignon coupé en deux, puis en tranches fines	1
310 ml	bouillon de bœuf	1 ¼ tasse
¼ de c. à café	sucre granulé	¼ de c. à thé
⅛ de c. à café	thym séché	⅛ de c. à thé
3 ou 4	gros croûtons à l'ail	3 ou 4
1 c. à soupe	parmesan râpé	1 c. à soupe

1. Au micro-ondes, à intensité élevée, faire fondre le beurre dans la tasse de 25 à 35 secondes.

2. Ajouter l'oignon. Cuire au micro-ondes, à intensité élevée, pendant 3 minutes. Remuer et cuire de 2 à 3 minutes ou jusqu'à ce que l'oignon soit très tendre.

3. Ajouter le bouillon, le sucre et le thym. Réchauffer à intensité élevée de 1 à 2 minutes (vérifier après 1 minute). Ajouter les croûtons et saupoudrer de parmesan.

PRÉPARATION À L'AVANCE

Mesurer le beurre dans la tasse ; couvrir et réfrigérer. Mettre l'oignon dans un petit contenant hermétique ; couvrir et réfrigérer. Mesurer le bouillon, le sucre et le thym dans un petit contenant hermétique ; couvrir et réfrigérer jusqu'au moment de l'utilisation.

Soupe à la patate douce et à la noix de coco

La patate douce et le lait de coco font bonne alliance dans plusieurs cuisines du monde. Il est important d'employer du lait de coco et non de l'eau de coco dans cette recette. Accompagnez cette soupe de quartiers de lime (citron vert), de coriandre fraîche hachée ou d'oignons verts en tranches fines.

Trucs

● Choisissez de la purée pour bébés qui ne renferme que des patates douces et de l'eau, rien d'autre. ● Vous pouvez remplacer la purée de patates douces par la même quantité de purée de citrouille en conserve. ● Congelez le reste du lait de coco dans un tiroir à glaçons (2 c. à soupe par cube). Démoulez les cubes congelés et gardez-les dans un sac de congélation hermétique. Ils se conserveront ainsi pendant 6 mois. Laissez-les décongeler au micro-ondes ou au réfrigérateur avant usage.

125 g	purée de patates douces en pot pour bébés	½ tasse
125 ml	lait de coco bien mélangé	½ tasse
60 ml	bouillon de poulet ou de légumes	¼ de tasse
¼ de c. à café	cassonade ou sucre roux	¼ de c. à thé
⅛ de c. à café	sel	⅛ de c. à thé
⅛ de c. à café	piment de la Jamaïque moulu	⅛ de c. à thé
⅛ de c. à café	poudre d'ail	⅛ de c. à thé
⅛ de c. à café	sauce piquante	⅛ de c. à thé
	Sel et poivre du moulin	

1. Dans la tasse, à l'aide d'un fouet, mélanger tous les ingrédients, sauf le sel et le poivre, jusqu'à consistance lisse.

2. Réchauffer au micro-ondes, à intensité élevée, de 75 à 90 secondes. Assaisonner au goût et servir avec les accompagnements choisis.

Variante

Soupe à la patate douce et au cari : Omettre le piment de la Jamaïque et la sauce piquante et ajouter ½ c. à café (à thé) de pâte de cari rouge thaïe en même temps que le sel.

PRÉPARATION À L'AVANCE

Faire l'étape 1 ; couvrir et réfrigérer jusqu'au moment de l'utilisation.

Soupe au pistou

Cette soupe inspirée d'un grand classique français met en vedette le bon goût du pesto de basilic. Même s'il s'agit d'une recette vite faite, le résultat est très satisfaisant.

1 tasse de 500 ml (16 oz)

Truc ● Congelez le reste des tomates et de la macédoine séparément dans des petits sacs de congélation hermétiques ou en portions d'environ 55 g (¼ tasse) en prenant soin d'y inscrire le contenu et la date. Elles se conserveront ainsi pendant 3 mois au congélateur. Laissez-les décongeler au micro-ondes ou au réfrigérateur avant usage.

2 c. à soupe	orzo ou autres petites pâtes (coudes ou petites bagues)	2 c. à soupe
250 ml	bouillon de poulet ou de légumes	1 tasse
70 g	haricots verts surgelés en morceaux	⅓ de tasse
65 g	tomates en dés en conserve, avec le jus	¼ de tasse
45 g	macédoine de légumes en conserve, égouttée	¼ de tasse
1 c. à soupe	pesto de basilic	1 c. à soupe
	Sel et poivre du moulin	
	Parmesan râpé (facultatif)	

1. Mélanger l'orzo et le bouillon dans la tasse. Mettre la tasse au micro-ondes sur du papier absorbant à double épaisseur. Cuire au micro-ondes, à intensité élevée, pendant 2 minutes. Remuer et cuire de 3 à 5 minutes ou jusqu'à ce que l'orzo soit presque tendre.

2. Ajouter les haricots verts. Cuire à intensité élevée pendant 60 secondes ou jusqu'à ce que l'orzo soit parfaitement tendre.

3. Ajouter les tomates et la macédoine. Réchauffer à intensité élevée de 45 à 60 secondes. Incorporer le pesto et assaisonner au goût. Saupoudrer de parmesan.

Variante

Soupe à la viande et au pistou: Ajouter 60 g (¼ de tasse) de dés de viande cuite (jambon, saucisse fumée ou poulet) en même temps que les tomates.

PRÉPARATION À L'AVANCE

Mesurer l'orzo dans la tasse; couvrir et réserver à température ambiante. Mesurer les autres ingrédients séparément dans des petits contenants hermétiques; couvrir et réfrigérer jusqu'au moment de l'utilisation.

Pâtes et haricots blancs

Mi-soupe, mi-ragoût, ce plat comblera généreusement votre appétit. Le mélange de pâtes et de légumineuses permet d'obtenir des protéines complètes. Servez-les avec du parmesan râpé et du persil frais haché.

1 tasse de 500 ml (16 oz)

Trucs ● On trouve les miettes de bacon précuit au supermarché près des sauces à salade ou au comptoir des viandes pré-emballées. ● Congelez le reste des haricots blancs dans un petit sac de congélation hermétique ou encore en portions de 100 g (½ tasse) en prenant soin d'y inscrire le contenu et la date. Ils se conserveront ainsi pendant 3 mois. Laissez-les décongeler au micro-ondes ou au réfrigérateur avant usage.

3 c. à soupe	macaronis (coudes) ou autres petites pâtes tubulaires	3 c. à soupe
2 c. à soupe	carotte hachée	2 c. à soupe
¾ de c. à café	assaisonnement à l'italienne	¾ de c. à thé
250 ml	bouillon de poulet ou de légumes	1 tasse
100 g	haricots blancs en conserve, rincés et égouttés	½ tasse
60 ml	sauce marinara (épaisse et croquante de préférence)	¼ de tasse
1 c. à soupe	miettes de bacon précuit	1 c. à soupe
	Sel et poivre du moulin	

1. Mélanger les pâtes, la carotte, l'assaisonnement à l'italienne et le bouillon dans la tasse. Mettre celle-ci au micro-ondes sur du papier absorbant à double épaisseur. Cuire à intensité élevée pendant 2 minutes. Remuer et cuire de 4 ½ à 5 minutes ou jusqu'à ce que les pâtes soient tendres.

2. Dans un petit bol, à l'aide d'une fourchette, écraser grossièrement la moitié des haricots. Transvider dans la tasse et ajouter le reste des ingrédients, sauf le sel et le poivre. Bien mélanger et réchauffer à intensité élevée de 1 à 2 minutes (vérifier après 1 minute). Assaisonner au goût et servir avec les accompagnements choisis.

PRÉPARATION À L'AVANCE

Mesurer les pâtes dans la tasse ; couvrir et réserver à température ambiante. Mesurer la carotte, l'assaisonnement à l'italienne et le bouillon dans un petit contenant hermétique ; couvrir et réfrigérer. Écraser la moitié des haricots blancs dans un petit contenant hermétique, puis ajouter le reste des haricots blancs, la sauce marinara et le bacon ; couvrir et réfrigérer jusqu'au moment de l'utilisation.

Soupe au quinoa
et aux haricots noirs

Le zeste et le jus de lime apportent une note ensoleillée à cette soupe remarquable.

Trucs ● Faites changement en remplaçant les haricots noirs par la même quantité de pois chiches, de haricots blancs, de haricots pinto ou de doliques à œil noir en conserve. ● Congelez le reste des haricots noirs dans un petit sac de congélation hermétique ou encore en portions de 100 g (½ tasse) en prenant soin d'y inscrire le contenu et la date. Ils se conserveront ainsi pendant 3 mois. Laissez-les décongeler au micro-ondes ou au réfrigérateur avant usage.

250 ml	bouillon de poulet ou de légumes	1 tasse
3 c. à soupe	quinoa, rincé	3 c. à soupe
100 g	haricots noirs en conserve, rincés et égouttés	½ tasse
60 ml	salsa	¼ de tasse
¼ de c. à café	zeste de lime (citron vert) râpé finement	¼ de c. à thé
2 c. à café	jus de lime (citron vert) frais	2 c. à thé
	Sel et poivre du moulin	

1. Verser le bouillon dans la tasse. Porter à ébullition au micro-ondes, à intensité élevée, de 1 ½ à 2 minutes.

2. Ajouter le quinoa. Cuire à intensité élevée de 4 à 6 minutes ou jusqu'à ce qu'il soit tendre.

3. Dans un petit bol, à l'aide d'une fourchette, écraser grossièrement la moitié des haricots noirs, puis les mettre dans la tasse. Ajouter le reste des haricots et la salsa. Réchauffer à intensité élevée de 1 à 2 minutes. Incorporer le zeste et le jus de lime, puis assaisonner au goût.

Variante

Soupe au quinoa et au poulet : Remplacer les haricots noirs par 75 g (½ tasse) de poulet cuit, en petits morceaux.

PRÉPARATION À L'AVANCE

Mesurer le bouillon dans la tasse ; couvrir et réfrigérer. Mesurer le quinoa dans un petit contenant hermétique ; couvrir et réserver à température ambiante. Écraser la moitié des haricots noirs dans un petit contenant hermétique, puis ajouter le reste des haricots et la salsa ; couvrir et réfrigérer. Mesurer le zeste et le jus de lime dans un petit contenant hermétique ; couvrir et réfrigérer jusqu'au moment de l'utilisation.

Soupe au maïs
et aux edamames

Cette soupe à la fois réconfortante et remplie de fraîcheur est très appréciée pendant la saison froide. Les edamames et le maïs se complètement vraiment bien dans cette recette originale.

Trucs

● Pour faire une soupe végétalienne, employez du bouillon de légumes. Il est bon de savoir que la crème de maïs ne renferme pas de produits laitiers. ● Le basilic séché peut être remplacé par 2 c. à café (à thé) de pesto de basilic. ● Si vous n'avez pas d'edamames, prenez des petits haricots de Lima surgelés.

355 g	edamames écossés surgelés	⅓ de tasse
160 ml	bouillon de poulet ou de légumes	⅔ de tasse
125 g	maïs en crème	½ tasse
45 g	maïs en grains surgelé	¼ de tasse
¼ de c. à café	basilic séché (facultatif)	¼ de c. à thé
	Sel et poivre du moulin	

1. Mélanger les edamames et le bouillon dans la tasse. Cuire au micro-ondes, à intensité élevée, pendant 2 minutes ou jusqu'à ce que les edamames soient tendres.

2. Ajouter le maïs en crème, le maïs en grains et le basilic. Réchauffer à intensité élevée de 60 à 75 secondes, puis assaisonner au goût.

Variantes

Soupe réconfortante au maïs et aux edamames : Ajouter 3 c. à soupe de dés de viande cuite (jambon, saucisse fumée ou poulet) en même temps que le maïs.

Soupe au maïs, aux edamames et au bacon : Ajouter 1 c. à soupe de miettes de bacon précuit.

PRÉPARATION À L'AVANCE

Mélanger les edamames et le bouillon dans la tasse ; couvrir et réfrigérer (réduire le temps de cuisson de 30 secondes à l'étape 1). Mesurer la crème de maïs, le maïs en grains et le basilic dans un petit contenant hermétique ; couvrir et réfrigérer jusqu'au moment de l'utilisation.

Soupe aux tomates,
au couscous
et aux pois chiches

1 tasse de 500 ml (16 oz)

Cette soupe ensoleillera les journées les plus sombres de l'hiver. N'oubliez surtout pas la coriandre, car elle crée un contraste intéressant avec le goût des pois chiches et du bouillon épicé. Vous pouvez l'accompagner de jus de citron vert (lime) ou jaune, de coriandre ou de persil frais haché.

Trucs ● Congelez le reste des tomates dans un petit sac de congélation hermétique étiqueté avec le contenu et la date. Elles se conserveront ainsi pendant 3 mois au congélateur. Laissez-les décongeler au micro-ondes ou au réfrigérateur avant usage. ● Congelez le reste des pois chiches dans un petit sac de congélation hermétique ou encore en portions de 100 g (½ tasse) en prenant soin d'y inscrire le contenu et la date. Ils se conserveront ainsi pendant 3 mois. Laissez-les décongeler au micro-ondes ou au réfrigérateur avant usage.

125 g	tomates en dés aux piments verts, avec le jus	½ tasse
180 ml	bouillon de poulet ou de légumes	¾ de tasse
100 g	pois chiches en conserve, rincés et égouttés	½ tasse
½ c. à café	cumin moulu	½ c. à thé
⅛ de c. à café	sauce piquante	⅛ de c. à thé
2 c. à soupe	couscous	2 c. à soupe
	Sel et poivre du moulin	

1. Mettre les tomates, le bouillon, les pois chiches, le cumin et la sauce piquante dans la tasse. Cuire au micro-ondes, à intensité élevée, de 1 ½ à 2 minutes ou jusqu'à ébullition.

2. Incorporer le couscous, couvrir la tasse avec une soucoupe et laisser reposer 3 minutes. Réchauffer à intensité élevée pendant 30 secondes. Assaisonner au goût et servir avec les accompagnements choisis.

PRÉPARATION À L'AVANCE

Mélanger les tomates, le bouillon, les pois chiches, le cumin et la sauce piquante dans la tasse ; couvrir et réfrigérer. Mesurer le couscous dans un petit contenant hermétique ; couvrir et réserver à température ambiante jusqu'au moment de l'utilisation.

Soupe au riz
et au citron

1 tasse de 500 ml (16 oz)

Même si elle contient du riz brun, cette soupe permet de composer un repas léger. Le mélange d'œuf, de riz et de jus de citron est irrésistible.

Truc ● Vous pouvez utiliser 70 g (⅓ de tasse) de riz brun cuit au lieu du riz brun instantané. Réduisez alors le temps de cuisson à 2 minutes à l'étape 1.

3 c. à soupe	riz brun instantané	3 c. à soupe
330 ml	bouillon de poulet ou de légumes	1 ⅓ de tasse
1	gros œuf	1
1 c. à soupe	jus de citron	1 c. à soupe
1 c. à soupe	oignons verts hachés	1 c. à soupe

1. Mélanger le riz et le bouillon dans la tasse. Cuire au micro-ondes, à intensité élevée, pendant 5 minutes ou jusqu'à ce que le riz soit tendre.

2. Dans un petit bol, à l'aide d'une fourchette, battre l'œuf et le jus de citron jusqu'à consistance mousseuse. Ajouter environ le tiers du bouillon sans cesser de battre. Verser le tout dans la tasse.

3. Cuire à intensité élevée pendant 30 secondes ou jusqu'à épaississement. Garnir d'oignons verts.

Variante

Soupe au poulet, au riz et au citron : Ajouter 75 g (½ tasse) de poulet cuit, en petits morceaux, à la fin de l'étape 1.

PRÉPARATION À L'AVANCE

Mesurer le riz dans la tasse ; couvrir et réserver à température ambiante. Mesurer le bouillon dans un petit contenant hermétique ; couvrir et réfrigérer. Battre l'œuf et le jus de citron dans un petit contenant hermétique ; couvrir et réfrigérer. Mesurer les oignons verts dans un petit contenant hermétique ; couvrir et réfrigérer jusqu'au moment de l'utilisation.

Soupe au bœuf
et à l'orge

1 tasse de 500 ml
(16 oz)

L'orge est l'une des céréales les plus anciennes de notre planète. On aime sa douceur et sa tendreté. L'orge à cuisson rapide est très utile pour préparer un repas santé en quelques minutes seulement.

Trucs
● Si vous n'avez pas d'orge à cuisson rapide, employez 55 g (⅓ de tasse) d'orge perlé cuit et omettez la cuisson à l'étape 2. ● Le riz brun instantané est tout indiqué pour remplacer l'orge dans cette recette. ● Congelez le reste de la macédoine dans un petit sac de congélation hermétique ou encore en portions de 45 g (¼ de tasse) en prenant soin d'y inscrire le contenu et la date. Elle se conservera ainsi pendant 3 mois. Laissez-la décongeler au micro-ondes ou au réfrigérateur avant usage.

2	boulettes de bœuf cuites surgelées	2
45 g	macédoine de légumes en conserve, égouttée	¼ de tasse
3 c. à soupe	orge à cuisson rapide	3 c. à soupe
⅛ de c. à café	thym séché (facultatif)	⅛ de c. à thé
250 ml	bouillon de bœuf ou de légumes	1 tasse
⅛ de c. à café	vinaigre de cidre ou vinaigre de vin	⅛ de c. à thé

1. Mettre les boulettes de viande dans la tasse. Réchauffer complètement au micro-ondes, à intensité élevée, de 1 à 2 minutes. Transvider dans un petit bol et défaire à l'aide d'une fourchette.

2. Dans la même tasse, à l'aide d'une fourchette, écraser grossièrement la macédoine. Ajouter l'orge, le thym et le bouillon. Cuire à intensité élevée pendant 5 minutes ou jusqu'à ce que l'orge soit tendre.

3. Ajouter la viande et le vinaigre. Laisser reposer 1 minute avant de servir.

Variante
Soupe à la saucisse et à l'orge: Remplacer les boulettes de bœuf par 2 saucisses surgelées, cuites et coupées en morceaux.

PRÉPARATION À L'AVANCE

Mettre les boulettes de viande dans la tasse; couvrir et réfrigérer (réduire le temps de cuisson à 30 à 45 secondes à l'étape 1). Mesurer la macédoine dans un petit contenant hermétique, puis incorporer l'orge, le thym et le bouillon; couvrir et réfrigérer jusqu'au moment de l'utilisation.

Soupe au bœuf
et aux pâtes

Servez cette soupe légère avec un peu de sauce piquante orientale comme la sauce sriracha. Vous pouvez aussi y ajouter des germes de haricot mungo, du basilic frais ciselé, des feuilles de coriandre fraîche ou des oignons verts hachés.

Trucs

● Si vous utilisez de longs spaghettis, coupez-les en morceaux de 2,5 cm à 4 cm (1 po à 1 ½ po) pour obtenir un meilleur résultat. ● Si vous n'avez pas un reste de rôti de bœuf, achetez la quantité requise au comptoir de la charcuterie en veillant à ce qu'il ne contienne aucun assaisonnement additionnel (ex. : épices barbecue, fines herbes italiennes, etc.).

250 ml	bouillon de bœuf	1 tasse
1 c. à café	sucre granulé	1 c. à thé
½ c. à café	gingembre moulu	½ c. à thé
1 ½ c. à café	sauce soja	1 ½ c. à thé
25 g	coquillettes ou spaghettis en morceaux (*voir* Trucs)	¼ de tasse
30 g	rôti de bœuf cuit, en lamelles de 2,5 cm (1 po) de longueur	1 oz
2 c. à café	jus de lime (citron vert)	2 c. à thé

1. Mélanger le bouillon, le sucre, le gingembre et la sauce soja dans la tasse. Ajouter les pâtes. Mettre la tasse au micro-ondes sur du papier absorbant à double épaisseur. Cuire à intensité élevée pendant 2 minutes. Remuer et cuire 4 ½ minutes ou jusqu'à ce que les pâtes soient tendres.

2. Ajouter le bœuf et le jus de lime. Laisser reposer 1 minute. Servir avec les accompagnements choisis.

Variante

Soupe végétarienne : Utiliser du bouillon de légumes au lieu du bouillon de bœuf et remplacer le rôti de bœuf par du tofu ferme, en dés.

PRÉPARATION À L'AVANCE

Mesurer le bouillon, le sucre, le gingembre et la sauce soja dans la tasse ; couvrir et réfrigérer. Mesurer les pâtes dans un petit contenant hermétique ; couvrir et réserver à température ambiante. Mesurer séparément le bœuf et le jus de lime dans des petits contenants hermétiques ; couvrir et réfrigérer jusqu'au moment de l'utilisation.

Chaudrée de saumon

Le saumon en conserve, le bacon prêt-à-manger et la crème s'allient pour composer une chaudrée magnifique que vous aurez le temps de préparer même les soirs où vous êtes pressé.

Truc ●

On trouve les miettes de bacon précuit au supermarché près des sauces à salade ou au comptoir des viandes préemballées.

120 g	saumon en conserve, effeuillé, avec le liquide	4 oz
125 ml	jus de myes (palourdes) en bouteille ou bouillon de poulet	½ tasse
1 c. à soupe	miettes de bacon précuit	1 c. à soupe
½ c. à café	graines d'aneth séchées	½ c. à thé
160 ml	crème légère (10 à 15 %) ou lait concentré (non sucré)	⅔ de tasse
2 c. à café	oignons verts hachés finement	2 c. à thé
	Sel et poivre du moulin	

1. Mélanger le saumon, le jus de myes, le bacon et l'aneth dans la tasse. Réchauffer au micro-ondes, à intensité élevée, de 1 ½ à 2 minutes sans laisser bouillir.

2. Ajouter la crème et les oignons verts. Réchauffer à intensité élevée de 30 à 45 secondes (vérifier après 30 secondes). Assaisonner au goût.

PRÉPARATION À L'AVANCE

Mélanger le saumon, le jus de myes, le bacon et l'aneth dans la tasse ; couvrir et réfrigérer. Mesurer la crème et les oignons verts dans un petit contenant hermétique ; couvrir et réfrigérer jusqu'au moment de l'utilisation.

Soupe au poulet
et biscuit au babeurre

1 tasse de 500 ml (16 oz)

Ce régal prêt en quelques minutes seulement gagne à être servi avec un biscuit au babeurre.

Trucs ● Pourquoi ne pas remplacer la sauge par la même quantité de thym séché ou d'assaisonnement pour volaille ? ● Congelez le reste de la macédoine dans un petit sac de congélation hermétique ou encore en portions de 60 g ($\frac{1}{3}$ de tasse) en prenant soin d'y inscrire le contenu et la date. Elle se conservera ainsi pendant 3 mois. Laissez-la décongeler au micro-ondes ou au réfrigérateur avant usage.

150 g	poulet cuit, en petits morceaux	1 tasse
60 g	macédoine de légumes en conserve, égouttée	$\frac{1}{3}$ de tasse
$\frac{1}{8}$ de c. à café	sauge séchée, émiettée	$\frac{1}{8}$ de c. à thé
180 ml	bouillon de poulet	¾ de tasse
180 ml	sauce Alfredo allégée	¾ de tasse
	Sel et poivre du moulin	
1	biscuit au babeurre (recette page 48)	1

1. Mélanger le poulet, la macédoine, la sauge et le bouillon dans la tasse. Réchauffer au micro-ondes, à intensité élevée, de 75 à 90 secondes.

2. Incorporer la sauce Alfredo. Réchauffer à intensité élevée de 30 à 45 secondes. Assaisonner au goût et servir avec le biscuit au babeurre.

PRÉPARATION À L'AVANCE

Mélanger le poulet, la macédoine, la sauge et le bouillon dans la tasse ; couvrir et réfrigérer. Mesurer la sauce Alfredo dans un petit contenant hermétique ; couvrir et réfrigérer jusqu'au moment de l'utilisation. Envelopper le biscuit séparément et réserver à température ambiante jusqu'au moment de l'utilisation.

Chili de haricots blancs à la courge et à la saucisse

Plusieurs purées pour bébés vendues en pot ne contiennent que des légumes et un peu d'eau. Régalez-vous avec ce cadeau automnal richement coloré. Servez-le avec du fromage de chèvre émietté, du cheddar ou du monterey jack râpé ; du persil frais haché ou des chips tortillas.

Trucs ● Choisissez de la purée pour bébés qui ne renferme que de la courge et de l'eau, rien d'autre. ● Congelez le reste des haricots blancs dans un petit sac de congélation hermétique ou en portions de 150 g (¾ de tasse) en prenant soin d'y inscrire le contenu et la date. Ils se conserveront ainsi pendant 3 mois. Laissez-les décongeler au micro-ondes ou au réfrigérateur avant usage.

3	saucisses, cuites	3
150 g	haricots blancs en conserve, rincés et égouttés	¾ de tasse
125 g	purée de courges en pot pour bébés	½ tasse
80 ml	salsa épaisse et croquante	⅓ de tasse
¼ de c. à café	sauge séchée, émiettée	¼ de c. à thé
	Sel et poivre du moulin	

1. Au micro-ondes, à intensité élevée, réchauffer les saucisses dans la tasse de 60 à 75 secondes, puis les défaire à l'aide d'une fourchette. Ajouter 50 g (¼ de tasse) de haricots blancs et écraser grossièrement à la fourchette.

2. Incorporer le reste des haricots, la purée de courges, la salsa et la sauge. Réchauffer à intensité élevée de 1 ½ à 2 minutes, puis assaisonner au goût. Servir avec les accompagnements choisis.

Variante

Chili végétarien de haricots blancs à la courge : Omettre les saucisses et utiliser 250 g (1 ¼ tasse) de haricots blancs en tout.

Chili de doliques à œil noir au jambon

1 tasse de 500 ml (16 oz)

Les doliques à œil noir méritent d'être mieux connus. Cette recette vous permettra d'apprécier leur saveur unique. Pour faire un plat végétarien, omettez le jambon et employez du bouillon de légumes. À servir avec du cheddar ou du monterey jack râpé, du persil frais haché ou des oignons verts en tranches fines et des chips tortillas.

Trucs ● Les haricots blancs sont aussi très appréciés dans cette recette en remplacement des doliques à œil noir. ● Congelez le reste des doliques à œil noir dans un petit sac de congélation hermétique ou encore en portions de 150 g (¾ de tasse) en prenant soin d'y inscrire le contenu et la date. Ils se conserveront ainsi pendant 3 mois. Laissez-les décongeler au micro-ondes ou au réfrigérateur avant usage. ● Congelez le reste des tomates dans un petit sac de congélation hermétique étiqueté avec le contenu et la date. Elles se conserveront ainsi pendant 3 mois au congélateur. Laissez-les décongeler au micro-ondes ou au réfrigérateur avant usage.

150 g	doliques à œil noir en conserve, rincés et égouttés	¾ de tasse
125 g	tomates en dés aux piments verts, avec le jus	½ tasse
50 g	jambon haché ou en dés	⅓ de tasse
60 ml	bouillon de poulet ou de légumes	¼ de tasse
¼ de c. à café	cumin moulu	¼ de c. à thé
⅛ de c. à café	thym séché	⅛ de c. à thé
	Sel et sauce piquante	

1. À l'aide d'une fourchette, écraser grossièrement 50 g (¼ de tasse) de doliques à œil noir dans la tasse. Ajouter le reste des doliques, les tomates, le jambon, le bouillon, le cumin et le thym.

2. Réchauffer au micro-ondes, à intensité élevée, de 1 ½ à 2 ½ minutes. Saler et ajouter de la sauce piquante au goût. Servir avec les accompagnements choisis.

PRÉPARATION À L'AVANCE

Écraser 50 g (¼ de tasse) de doliques à œil noir dans la tasse. Ajouter le reste des doliques, les tomates, le jambon, le bouillon, le cumin et le thym ; couvrir et réfrigérer jusqu'au moment de l'utilisation.

Ragoût de boulettes
aux champignons

1 tasse de 500 ml (16 oz)

Les boulettes surgelées sont très pratiques lorsqu'on est pressé. La macédoine de légumes, la sauce marinara et les champignons rehaussent efficacement le bouillon acheté dans le commerce. Servez avec du parmesan râpé ou un mélange de fromages italiens râpés, avec du persil frais haché.

Trucs

• Le bouillon de poulet ou de légumes fait aussi l'affaire si vous n'avez pas de bouillon de bœuf. • Congelez le reste de la macédoine dans un petit sac de congélation hermétique ou encore en portions de 60 g (⅓ de tasse) en prenant soin d'y inscrire le contenu et la date. Elle se conservera ainsi pendant 3 mois. Laissez-la décongeler au micro-ondes ou au réfrigérateur avant usage.

4	boulettes de bœuf surgelées	4
125 ml	sauce marinara	½ tasse
80 ml	bouillon de bœuf	⅓ de tasse
60 g	macédoine de légumes en conserve, égouttée	⅓ de tasse
2 c. à soupe	morceaux de champignons en pot ou en conserve, égouttés	2 c. à soupe
	Sel et poivre du moulin	

1. Mettre les boulettes de viande dans la tasse. Réchauffer complètement au micro-ondes, à intensité élevée, de 1 à 2 minutes. Couper les boulettes en deux à l'aide d'une fourchette.

2. Ajouter la sauce marinara, le bouillon, la macédoine et les champignons. Réchauffer à intensité élevée de 1 ½ à 2 minutes. Assaisonner au goût et servir avec les accompagnements choisis.

Variante

Ragoût de boulettes végétarien : Remplacer les boulettes de bœuf par des boulettes végétariennes ou végétaliennes. Employer du bouillon de légumes au lieu du bouillon de bœuf.

PRÉPARATION À L'AVANCE

Mettre les boulettes de viande dans la tasse ; couvrir et réfrigérer (réduire le temps de cuisson à 30 à 45 secondes à l'étape 1). Mesurer la sauce marinara, le bouillon, la macédoine et les champignons dans un petit contenant hermétique ; couvrir et réfrigérer jusqu'au moment de l'utilisation.

Ragoût de poulet
et de légumes

Au lieu de commander une pizza, préparez cette recette facile et réconfortante qui sera prête rapidement.

1 tasse de 500 ml (16 oz)

Trucs

● Pour faire un ragoût plus relevé, utilisez 170 g (⅔ de tasse) de tomates en dés aux piments verts en conserve au lieu des tomates à l'italienne.
● Congelez le reste des tomates dans un petit sac de congélation hermétique étiqueté avec le contenu et la date. Elles se conserveront ainsi pendant 3 mois au congélateur. Laissez-les décongeler au micro-ondes ou au réfrigérateur avant usage.
● Congelez le reste de la macédoine dans un petit sac de congélation hermétique ou encore en portions de 90 g (½ tasse) en prenant soin d'y inscrire le contenu et la date. Elle se conservera ainsi pendant 3 mois. Laissez-la décongeler au micro-ondes ou au réfrigérateur avant usage.

150 g	poulet cuit, en petits morceaux	1 tasse
170 g	tomates à l'italienne en dés en conserve, avec le jus	⅔ de tasse
90 g	macédoine de légumes en conserve, égouttée	½ tasse
	Poivre du moulin et parmesan	

1. Mélanger le poulet, les tomates et la macédoine dans la tasse.

2. Réchauffer au micro-ondes, à intensité élevée, de 1 ½ à 2 ½ minutes. Poivrer au goût et saupoudrer de parmesan.

PRÉPARATION À L'AVANCE

Mélanger le poulet, les tomates et la macédoine dans la tasse; couvrir et réfrigérer. Mesurer le parmesan dans un petit contenant hermétique; couvrir et réfrigérer jusqu'au moment de l'utilisation.

Plats principaux sans viande

Casserole
de fromage de chèvre

Voici comment transformer de simples légumes en repas inoubliable. Le fromage de chèvre et la chapelure donnent de la personnalité au chou-fleur plutôt fade.

Trucs ● Rehaussez la saveur de ce plat en ajoutant ⅛ de c. à café (à thé) de muscade moulue ou d'assaisonnement à l'italienne en même temps que la sauce Alfredo. ● Congelez le reste des haricots blancs dans un petit sac de congélation hermétique ou en portions de 100 g (½ tasse) en prenant soin d'y inscrire le contenu et la date. Ils se conserveront ainsi pendant 3 mois. Laissez-les décongeler au micro-ondes ou au réfrigérateur avant usage.

160 g	fleurons de chou-fleur frais ou surgelés, hachés grossièrement	1 tasse
100 g	haricots blancs en conserve, rincés et égouttés	½ tasse
3 c. à soupe	sauce Alfredo allégée	3 c. à soupe
2 c. à soupe	poivrons rouges rôtis en pot, égouttés et hachés	2 c. à soupe
	Sel et poivre du moulin	
2 c. à soupe	fromage de chèvre	2 c. à soupe
	Chapelure	
2 c. à soupe	croûtons à l'ail, broyés	2 c. à soupe

1. Mettre le chou-fleur dans la tasse. Cuire au micro-ondes, à intensité élevée, de 1 ½ à 2 minutes ou jusqu'à ce qu'il soit presque tendre. Jeter le surplus de liquide.

2. Ajouter les haricots blancs, la sauce Alfredo et les poivrons. Assaisonner au goût et ajouter le fromage. Réchauffer à intensité élevée de 60 à 90 secondes (vérifier après 60 secondes). Saupoudrer de chapelure de croûtons.

Variante

Casserole d'asperges et de fromage de chèvre : Remplacer le chou-fleur par la même quantité d'asperges fraîches ou surgelées, en morceaux.

PRÉPARATION À L'AVANCE

Mettre le chou-fleur dans la tasse ; couvrir et réfrigérer. Mesurer les haricots blancs, la sauce Alfredo, les poivrons et le fromage dans un petit contenant hermétique ; couvrir et réfrigérer. Mesurer la chapelure et les croûtons dans un petit contenant hermétique ; couvrir et réserver à température ambiante jusqu'au moment de l'utilisation.

Tomates
et courgettes
au parmesan

1 tasse de 500 ml (16 oz)

Ce plat végétarien est très satisfaisant même pour les gros appétits.

Trucs ● N'hésitez pas à remplacer les courgettes par la même quantité d'un mélange de légumes à l'italienne surgelés. Faites-les cuire au micro-ondes, à intensité élevée, de 1 ½ à 2 ½ minutes ou jusqu'à ce qu'ils soient tendres avant d'ajouter les tomates et les haricots blancs. Jetez le surplus de liquide. Ajoutez les tomates et les haricots blancs, réchauffez de 45 à 60 secondes et ajoutez la chapelure de croûtons. ● On peut remplacer la moitié des croûtons broyés par 2 c. à soupe d'amandes, de noix ou de pacanes grillées et hachées. ● Congelez le reste des tomates dans un petit sac de congélation hermétique étiqueté avec le contenu et la date. Elles se conserveront ainsi pendant 3 mois au congélateur. Laissez-les décongeler au micro-ondes ou au réfrigérateur avant usage.

1 c. à soupe	beurre	1 c. à soupe
10 g	croûtons à l'ail, broyés	¼ de tasse
1 c. à soupe	parmesan râpé	1 c. à soupe
190 g	tomates à l'italienne en dés en conserve, avec le jus	¾ de tasse
90 g	courgette ou courge d'été jaune, en dés	¾ de tasse
70 g	haricots blancs en conserve, rincés et égouttés	⅓ de tasse

1. Au micro-ondes, faire fondre le beurre dans la tasse de 15 à 25 secondes. À l'aide d'une fourchette, incorporer la chapelure de croûtons et le parmesan. Transvider dans un petit bol.

2. Mélanger les tomates, les courgettes et les haricots blancs dans la tasse (inutile de la laver). Cuire au micro-ondes, à intensité élevée, de 1 ½ à 2 minutes (vérifier après 1 ½ minute) ou jusqu'à ce que la préparation soit bouillonnante et les courgettes tendres.

3. Parsemer de chapelure de croûtons et réchauffer à intensité élevée pendant 20 secondes. Laisser reposer 1 minute avant de servir.

PRÉPARATION À L'AVANCE

Faire l'étape 1 et transvider dans un petit contenant hermétique ; couvrir et réserver à température ambiante. Mesurer les tomates, les courgettes et les haricots blancs dans un petit contenant hermétique ; couvrir et réfrigérer jusqu'au moment de l'utilisation.

Cari de chou-fleur
et de pois

Les caris de légumes offrent toujours un beau contraste de textures et de saveurs. Il est important de bien choisir ses épices pour obtenir un maximum de goût. Assurez-vous que votre poudre de cari est fraîche et odorante. Servez-le avec de la coriandre fraîche hachée, du yogourt nature, du chutney, des raisins secs ou des noix de cajou hachées.

Truc ● Si vous ne trouvez pas de pommes de terre rissolées surgelées avec oignons et poivrons, achetez tout simplement des pommes de terre rissolées surgelées.

120 g	fleurons de chou-fleur surgelés	¾ de tasse
110 g	pommes de terre rissolées surgelées avec oignons et poivrons, en dés	½ tasse
40 g	petits pois surgelés	¼ de tasse
3 c. à soupe	sauce tomate ou marinara	3 c. à soupe
1 c. à café	poudre de cari	1 c. à thé
	Sel et poivre du moulin	

1. Mettre le chou-fleur et les pommes de terre dans la tasse. Cuire au micro-ondes, à intensité élevée, de 2 à 3 minutes ou jusqu'à ce qu'ils soient tendres. Jeter le surplus de liquide.

2. Ajouter les pois, la sauce tomate et le cari. Réchauffer à intensité élevée de 45 à 75 secondes. Laisser reposer 1 minute et assaisonner au goût. Servir avec les accompagnements choisis.

Variante

Chou-fleur et tempeh au cari : Omettre les pommes de terre. Ajouter 120 g (⅔ de tasse) de tempeh émietté ou en dés en même temps que les pois.

PRÉPARATION À L'AVANCE

Mesurer le chou-fleur et les pommes de terre dans la tasse ; couvrir et réfrigérer (réduire le temps de cuisson de 30 à 60 secondes à l'étape 1). Mesurer les pois, la sauce tomate et le cari dans un petit contenant hermétique ; couvrir et réfrigérer jusqu'au moment de l'utilisation.

Lasagne de courgettes

Dans cette lasagne, les tranches de courgette remplacent les pâtes.

Truc ● Vous aimerez peut-être rehausser le goût de la ricotta en la mélangeant avec ¼ de c. à café (à thé) de poudre d'ail ou ¼ de c. à café (à thé) d'assaisonnement à l'italienne.

½	petite courgette en tranches fines	½
6 c. à soupe	sauce marinara	6 c. à soupe
160 g	ricotta	⅔ de tasse
4 c. à soupe	morceaux de champignons en pot ou en conserve, égouttés	4 c. à soupe
6 c. à soupe	mozzarella râpée ou mélange de fromages italiens râpés	6 c. à soupe

1. Étaler les tranches de courgette dans une petite assiette. Cuire au micro-ondes, à intensité élevée, de 45 à 60 secondes ou jusqu'à ce qu'elles soient tendres. Laisser reposer de 2 à 3 minutes, puis jeter le surplus de liquide.

2. Mettre 2 c. à soupe de la sauce marinara dans la tasse. Couvrir avec le tiers des tranches de courgette. À l'aide du dos d'une cuillère, étaler la moitié de la ricotta sur les tranches. Ajouter la moitié des champignons et 2 c. à soupe de mozzarella. Répéter les couches. Ajouter successivement le reste des tranches de courgette, de la sauce marinara et de la mozzarella.

3. Couvrir la tasse avec une soucoupe. Cuire à intensité élevée de 1 ½ à 2 minutes ou jusqu'à ce que la sauce bouillonne sur les bords. Retirer la soucoupe et laisser reposer 2 minutes.

Variante

Lasagne de courgettes à la saucisse : Avant d'assembler la lasagne, réchauffer 2 ou 3 saucisses cuites dans la tasse de 60 à 90 secondes. Mettre dans une assiette et défaire à l'aide d'une fourchette. Remplacer les champignons par la saucisse (la moitié par couche).

PRÉPARATION À L'AVANCE

Faire l'étape 1 ; couvrir et réfrigérer jusqu'au moment de l'utilisation.

Gnocchis au citron, aux pois et au parmesan

Les tendres gnocchis de pomme de terre sont mis en valeur par le goût sucré des petits pois et le caractère acidulé du citron.

Trucs ● Achetez des gnocchis de longue conservation au supermarché et non pas des pâtes fraîches. ● Réfrigérez ou congelez le reste des gnocchis dans un petit sac de congélation hermétique ou encore en portions de 120 g (4 oz) en prenant soin d'y inscrire le contenu et la date. Ils se conserveront ainsi pendant 3 semaines au réfrigérateur ou 3 mois au congélateur. Laissez décongeler les gnocchis congelés au micro-ondes ou au réfrigérateur avant usage.

250 ml	eau	1 tasse
120 g	gnocchis du commerce (de longue conservation)	4 oz
40 g	petits pois surgelés	¼ de tasse
2 c. à soupe	sauce Alfredo allégée	2 c. à soupe
¼ de c. à café	zeste de citron râpé finement	¼ de c. à thé
1 c. à café	jus de citron frais	1 c. à thé
2 c. à café	parmesan râpé	2 c. à thé

1. Verser l'eau dans la tasse et porter à ébullition au micro-ondes, à intensité élevée, de 2 à 3 minutes.

2. Ajouter les gnocchis avec soin. Mettre la tasse au micro-ondes sur du papier absorbant à double épaisseur. Cuire à intensité élevée de 2 à 3 minutes ou jusqu'à ce que les gnocchis flottent à la surface.

3. Ajouter les pois et laisser reposer 30 secondes. Vider avec soin le liquide resté au fond de la tasse.

4. Incorporer la sauce Alfredo, le zeste et le jus de citron. Réchauffer à intensité élevée de 30 à 60 secondes. Saupoudrer de parmesan.

PRÉPARATION À L'AVANCE

Mesurer les gnocchis dans un petit contenant hermétique ; couvrir et réfrigérer. Mesurer les pois dans un petit contenant hermétique ; couvrir et réfrigérer. Mesurer la sauce Alfredo, le zeste et le jus de citron dans un petit contenant hermétique ; couvrir et réfrigérer. Mesurer le parmesan dans un petit contenant hermétique ; couvrir et réfrigérer jusqu'au moment de l'utilisation.

Tofu et pois mange-tout à la sauce épicée

1 tasse de 500 ml (16 oz)

Ce plat principal contient de bons ingrédients qui entrent souvent dans la composition des plats sautés : pois mange-tout, tofu, gingembre et huile de sésame grillé. Vous pouvez l'accompagner de graines de sésame grillées, de coriandre fraîche hachée, d'oignons verts ciselés, d'une tortilla de blé chaude ou de riz brun chaud.

Trucs
● On peut remplacer les pois mange-tout par des haricots verts ou des pois sucrés. ● Utilisez 180 g (1 tasse) de tempeh en cubes ou émietté à la place du tofu.

80 g	pois mange-tout surgelés	½ tasse
½ c. à café	sucre granulé	½ c. à thé
¼ de c. à café	gingembre moulu	¼ de c. à thé
2 c. à café	sauce soja	2 c. à thé
½ c. à café	huile de sésame grillé	½ c. à thé
⅛ de c. à café	sauce piquante	⅛ de c. à thé
250 g	tofu ferme ou extra-ferme, en dés	1 tasse

1. Mettre les pois mange-tout dans la tasse. Réchauffer au micro-ondes, à intensité élevée, de 1 ½ à 2 minutes, puis égoutter.

2. Incorporer le sucre, le gingembre, la sauce soja, l'huile et la sauce piquante. Ajouter le tofu et remuer doucement. Réchauffer à intensité élevée de 1 à 1 ½ minute (vérifier après 1 minute). Servir avec les accompagnements choisis.

PRÉPARATION À L'AVANCE

Mesurer les pois mange-tout dans la tasse ; couvrir et réfrigérer (réduire le temps de cuisson à 60 secondes à l'étape 1). Mesurer le sucre, le gingembre, la sauce soja, l'huile, la sauce piquante et le tofu dans un petit contenant hermétique ; couvrir et réfrigérer jusqu'au moment de l'utilisation.

Tofu et haricots verts, sauce à la noix de coco

1 tasse de 500 ml (16 oz)

Si vous aimez les mets salés à base de lait de coco, vous serez emballé par cette recette légèrement épicée qui offre un bon équilibre de saveurs.

Trucs ● Essayez aussi cette recette avec des pois sucrés ou des mange-tout surgelés au lieu des haricots verts. ● Ce plat est aussi délicieux avec du tempeh émietté ou en cubes au lieu du tofu. ● Pourquoi ne pas remplacer le beurre d'arachide par un autre beurre de noix ou de graines (amande, sésame, citrouille, etc.)? ● Congelez le reste du lait de coco dans un tiroir à glaçons (3 c. à soupe par cube). Démoulez les cubes congelés et gardez-les dans un sac de congélation hermétique. Ils se conserveront ainsi pendant 6 mois. Laissez-les décongeler au micro-ondes ou au réfrigérateur avant usage.

100 g	haricots verts surgelés en morceaux	½ tasse
½ c. à café	sucre granulé	½ c. à thé
3 c. à soupe	lait de coco bien mélangé	3 c. à soupe
2 c. à café	sauce soja	2 c. à thé
1 c. à café	beurre d'arachide crémeux	1 c. à thé
1 c. à café	jus de lime (citron vert)	1 c. à thé
⅛ de c. à café	sauce piquante	⅛ de c. à thé
250 g	tofu ferme ou extra-ferme, égoutté et coupé en dés	1 tasse
2 c. à soupe	poivrons rouges rôtis en pot, égouttés et hachés	2 c. à soupe

1. Mettre les haricots verts dans la tasse. Réchauffer au micro-ondes, à intensité élevée, de 1 ½ à 2 minutes. Jeter le surplus de liquide.

2. Ajouter le sucre, le lait de coco, la sauce soja, le beurre d'arachide, le jus de lime et la sauce piquante. Laisser reposer 30 secondes et bien mélanger.

3. Ajouter le tofu et les poivrons en remuant délicatement. Réchauffer à intensité élevée de 1 à 1 ½ minute. Servir avec les accompagnements choisis.

PRÉPARATION À L'AVANCE

Mettre les haricots verts dans la tasse ; couvrir et réfrigérer (réduire le temps de cuisson à 1 minute à l'étape 1). Mesurer le reste des ingrédients dans un contenant hermétique ; couvrir et réfrigérer jusqu'au moment de l'utilisation.

Lentilles épicées
avec yogourt, amandes et menthe

1 tasse de 500 ml (16 oz)

Cette recette de lentilles et de tomates est admirablement rehaussée de yogourt, d'amandes grillées, d'épices et de menthe fraîche. Accompagnez-la de pain nan, de tortilla de blé ou de pita chaud.

Trucs ● Les lentilles sous vide peuvent remplacer efficacement les lentilles en conserve. ● Les lentilles peuvent être remplacées par des haricots noirs ou des haricots pinto en conserve. ● Pour faire changement, utilisez de la coriandre, de la ciboulette ou du persil frais au lieu de la menthe. ● Congelez le reste des tomates dans un petit sac de congélation hermétique étiqueté avec le contenu et la date. Elles se conserveront ainsi pendant 3 mois au congélateur. Laissez-les décongeler au micro-ondes ou au réfrigérateur avant usage.

200 g	lentilles en conserve, rincées et égouttées	1 tasse
125 g	tomates en dés aux piments verts, avec le jus	½ tasse
½ c. à café	cumin moulu	½ c. à thé
¼ de c. à café	gingembre moulu	¼ de c. à thé
⅛ de c. à café	sauce piquante	⅛ de c. à thé
1 c. à soupe	yogourt grec nature	1 c. à soupe
1 c. à soupe	amandes rôties et salées, hachées	1 c. à soupe
2 c. à café	menthe fraîche hachée	2 c. à thé

1. Mélanger les lentilles, les tomates, le cumin, le gingembre et la sauce piquante dans la tasse.

2. Réchauffer au micro-ondes, à intensité élevée, de 1 ½ à 2 ½ minutes. Ajouter le yogourt et garnir d'amandes et de menthe. Servir avec le pain plat choisi.

PRÉPARATION À L'AVANCE

Mélanger les lentilles, les tomates, le cumin, le gingembre et la sauce piquante dans la tasse ; couvrir et réfrigérer. Mesurer le yogourt, les amandes et la menthe dans un petit contenant hermétique ; couvrir et réfrigérer jusqu'au moment de l'utilisation.

Poivrons rouges
et haricots noirs

Retrouvez le bon goût des poivrons farcis grâce à cette recette qui met en valeur les tomates assaisonnées, le riz brun et le fromage. Vous pouvez les accompagner de yogourt grec ou ordinaire nature, de coriandre fraîche hachée, de raisins secs dorés ou noirs et de pain nan.

Trucs
● Vous pouvez employer 140 g (⅔ de tasse) de céréale cuite (riz brun, quinoa, orge ou boulgour) au lieu du riz brun instantané. Omettez alors l'eau et l'étape 1. Ajoutez la céréale cuite en même temps que les poivrons. ● Congelez séparément le reste des tomates et des haricots noirs dans des petits sacs de congélation hermétiques. Vous pouvez aussi les congeler dans le même sac ou encore en portions de 100 g (½ tasse) en prenant soin d'y inscrire le contenu et la date. Elles se conserveront ainsi pendant 3 mois. Laissez-les décongeler au micro-ondes ou au réfrigérateur avant usage.

30 g	riz brun instantané	⅓ de tasse
160 ml	eau	⅔ de tasse
80 g	poivrons rouges rôtis en pot, égouttés et hachés grossièrement	½ tasse
100 g	haricots noirs en conserve, rincés et égouttés	½ tasse
125 g	tomates à l'italienne en dés en conserve, avec le jus	½ tasse
1 c. à soupe	persil frais haché (facultatif)	1 c. à soupe
	Sel et poivre du moulin	
60 g	mélange de fromages italiens râpés ou de cheddar râpé	½ tasse

1. Mélanger le riz et l'eau dans la tasse. Couvrir avec une soucoupe et cuire au micro-ondes, à intensité élevée, de 5 à 6 minutes ou jusqu'à ce que le riz soit tendre. Retirer du four et laisser reposer à couvert pendant 1 minute.

2. Ajouter les poivrons, les haricots noirs, les tomates et le persil. Assaisonner au goût. Réchauffer à découvert, à intensité élevée, pendant 30 secondes.

3. Couvrir avec le fromage et cuire à intensité élevée de 25 à 30 secondes ou jusqu'à ce que le fromage soit fondu. Laisser reposer 30 secondes avant de servir.

PRÉPARATION À L'AVANCE

Mettre le riz dans la tasse ; couvrir et réserver à température ambiante. Mesurer les poivrons, les haricots noirs, les tomates et le persil dans un petit contenant hermétique ; couvrir et réfrigérer. Mesurer le fromage dans un petit contenant hermétique ; couvrir et réfrigérer jusqu'au moment de l'utilisation.

Pommes de terre
et pois chiches au cari

1 tasse de 500 ml (16 oz)

L'ajout de beurre donne une onctuosité particulière à ce plat.

Trucs ● Si vous ne trouvez pas de pommes de terre rissolées surgelées avec oignons et poivrons, achetez tout simplement des pommes de terre rissolées surgelées. ● Choisissez une poudre de cari à votre goût : douce, moyenne ou piquante. ● Le beurre peut être remplacé par 1 c. à soupe d'huile de noix de coco. ● Congelez le reste des pois chiches dans un petit sac de congélation hermétique ou encore en portions de 140 g (⅔ de tasse) en prenant soin d'y inscrire le contenu et la date. Ils se conserveront ainsi pendant 3 mois. Laissez-les décongeler au micro-ondes ou au réfrigérateur avant usage.

150 g	pommes de terre rissolées surgelées avec oignons et poivrons, en dés	⅔ de tasse
140 g	pois chiches en conserve, rincés et égouttés	⅔ de tasse
3 c. à soupe	salsa épaisse et croquante	3 c. à soupe
1 c. à soupe	beurre	1 c. à soupe
¾ de c. à café	poudre de cari	¾ de c. à thé
1 c. à café	jus de lime (citron vert)	1 c. à thé
	Sel et poivre du moulin	

1. Mettre les pommes de terre dans la tasse. Réchauffer au micro-ondes, à intensité élevée, de 1 ½ à 2 minutes.

2. Ajouter les pois chiches, la salsa, le beurre et le cari. Réchauffer à intensité élevée de 1 ½ à 2 minutes. Incorporer le jus de lime et assaisonner au goût. Servir avec les accompagnements choisis.

PRÉPARATION À L'AVANCE

Mélanger les pommes de terre dans la tasse ; couvrir et réfrigérer (réduire le temps de cuisson de 30 secondes à l'étape 1). Mesurer les pois chiches, la salsa, le beurre et le cari dans un petit contenant hermétique ; couvrir et réfrigérer. Mesurer le jus de lime dans un petit contenant hermétique ; couvrir et réfrigérer jusqu'au moment de l'utilisation.

Crêpe aux légumes

Cette crêpe peut être servie comme goûter ou repas principal. Un vent de fraîcheur qui plaît à tous !

1 tasse de 500 ml (16 oz)

Truc ● Les carottes et les champignons peuvent être remplacés par vos légumes préférés, que vous prendrez soin de couper en petits morceaux. Les oignons verts sont indispensables au bon goût de cette recette.

1	gros œuf	1
1 ½ c. à soupe	eau	1 ½ c. à soupe
½ c. à café	huile de sésame grillé ou huile végétale	½ c. à thé
⅛ de c. à café	sauce piquante	⅛ de c. à thé
2 c. à soupe	farine tout usage (type 55)	2 c. à soupe
⅛ de c. à café	sel	⅛ de c. à thé
2 c. à soupe	oignons verts râpés	2 c. à soupe
2 c. à soupe	carottes râpées	2 c. à soupe
2 c. à soupe	morceaux de champignons en pot ou en conserve égouttés	2 c. à soupe

1. À l'aide d'une fourchette, battre l'œuf, l'eau, l'huile et la sauce piquante dans la tasse. Incorporer la farine et le sel en battant jusqu'à consistance lisse. Ajouter les oignons verts, les carottes et les champignons.

2. Cuire au micro-ondes, à intensité élevée, de 75 à 90 secondes (vérifier après 75 secondes) ou jusqu'à ce que le centre de la crêpe soit gonflé. Servir avec la sauce choisie.

Choix de sauces
Sauce teriyaki ou sauce soja

PRÉPARATION À L'AVANCE

Battre l'œuf, l'eau, l'huile et la sauce piquante dans la tasse ; couvrir et réfrigérer. Mesurer la farine et le sel dans un petit contenant hermétique ; couvrir et réserver à température ambiante. Mesurer les oignons verts, les carottes et les champignons dans un petit contenant hermétique ; couvrir et réfrigérer jusqu'au moment de l'utilisation.

Viande, volaille, poisson et fruits de mer

Bœuf et haricots rouges aux tomates

1 tasse de 500 ml (16 oz)

Cette recette santé plaît aux petits comme aux grands. Préparez-la les soirs de semaine lorsque vous avez envie d'aliments sains et réconfortants.

Trucs

● Congelez le reste des haricots rouges dans un petit sac de congélation hermétique ou en portions de 100 g (½ tasse) en prenant soin d'y inscrire le contenu et la date. Ils se conserveront ainsi pendant 3 mois. Laissez-les décongeler au micro-ondes ou au réfrigérateur avant usage. ● Congelez le reste des tomates dans un petit sac de congélation hermétique étiqueté avec le contenu et la date. Elles se conserveront ainsi pendant 3 mois. Laissez-les décongeler au micro-ondes ou au réfrigérateur avant usage.

3	boulettes de bœuf cuites surgelées	3
100 g	haricots rouges en conserve, rincés et égouttés	½ tasse
125 g	tomates en dés aux piments verts, avec le jus	½ tasse
1 c. à soupe	ketchup	1 c. à soupe
½ c. à café	sauce Worcestershire	½ c. à thé
¼ de c. à café	cassonade ou sucre roux	¼ de c. à thé
¼ de c. à café	moutarde américaine, de Dijon ou de Meaux	¼ de c. à thé
	Cheddar ou monterey jack aux piments, râpé (facultatif)	

1. Mettre les boulettes de viande dans la tasse. Réchauffer complètement au micro-ondes, à intensité élevée, de 1 à 2 minutes. Défaire la viande à l'aide d'une fourchette.

2. Ajouter le reste des ingrédients, sauf le fromage, et bien mélanger. Réchauffer à intensité élevée de 60 à 75 secondes, puis couvrir de fromage.

Variantes

Saucisses et haricots rouges aux tomates : Remplacer les boulettes de bœuf par 4 saucisses cuites, en petits morceaux.

Sandwich au bœuf, aux haricots rouges et aux tomates : Servir la préparation sur une tranche de pain ou un pain à hamburger.

PRÉPARATION À L'AVANCE

Mettre les boulettes de viande dans la tasse ; couvrir et réfrigérer (réduire le temps de cuisson à 30 à 45 secondes à l'étape 1). Mesurer les haricots rouges dans un petit contenant hermétique ; couvrir et réfrigérer. Mesurer le reste des ingrédients, sauf le fromage, dans un petit contenant hermétique ; couvrir et réfrigérer jusqu'au moment de l'utilisation.

Bœuf aux tomates et aux oignons

Servez-le avec de la coriandre fraîche hachée, des oignons verts hachés, des tortillas de blé ou de maïs ou des chips tortillas.

Trucs ● Pour varier, remplacez les raisins secs par d'autres fruits séchés (canneberges, airelles, pruneaux ou abricots hachés, etc.). ● Les olives noires sont délicieuses dans cette recette en remplacement des olives vertes.

4	boulettes de bœuf cuites surgelées	4
3 c. à soupe	salsa	3 c. à soupe
1 c. à soupe	olives vertes farcies au piment, en tranches	1 c. à soupe
1 c. à soupe	raisins secs	1 c. à soupe
1/8 de c. à café	cannelle moulue	1/8 de c. à thé
1/8 de c. à café	cumin moulu	1/8 de c. à thé

1. Mettre les boulettes de viande dans la tasse. Réchauffer complètement au micro-ondes, à intensité élevée, de 1 à 2 minutes. Défaire la viande à l'aide d'une fourchette.

2. Incorporer le reste des ingrédients. Réchauffer au micro-ondes, à intensité élevée, de 30 à 45 secondes (vérifier après 30 secondes). Servir avec les accompagnements choisis.

Variante

Tempeh ou haricots noirs aux tomates et aux oignons : Remplacer les boulettes de viande par 120 g (2/3 de tasse) de tempeh haché grossièrement ou de haricots noirs en conserve, rincés, égouttés et écrasés grossièrement.

PRÉPARATION À L'AVANCE

Mettre les boulettes de viande dans la tasse ; couvrir et réfrigérer (réduire le temps de cuisson à 30 à 45 secondes à l'étape 1). Mesurer le reste des ingrédients dans un petit contenant hermétique ; couvrir et réfrigérer jusqu'au moment de l'utilisation.

Boulettes de bœuf
au cari

Vous pouvez accompagner ces boulettes de feuilles de laitue, de coriandre, de menthe ou de basilic frais haché, d'oignons verts hachés, d'arachides grillées hachées ou de noix de coco râpée ou en flocons.

Trucs ●
La sauce soja peut céder sa place à la sauce de poisson (nuoc-mâm) dans cette recette. ● Pourquoi ne pas remplacer le beurre d'arachide par un autre beurre de noix ou de graines (amande, sésame, citrouille, etc.) ?

4	boulettes de bœuf cuites surgelées	4
120 g	légumes surgelés pour sauté à l'orientale	¾ de tasse
1 c. à soupe	beurre d'arachide crémeux	1 c. à soupe
2 c. à café	sauce soja	2 c. à thé
2 c. à café	jus de lime (citron vert)	2 c. à thé
1 c. à café	cassonade ou sucre roux	1 c. à thé
1 c. à café	pâte de cari rouge ou poudre de cari	1 c. à thé

1. Mettre les boulettes de viande dans la tasse. Réchauffer complètement au micro-ondes, à intensité élevée, de 1 à 2 minutes. Transvider dans un petit bol et défaire à l'aide d'une fourchette.

2. Dans la même tasse, réchauffer les légumes à intensité élevée de 1 ½ à 2 minutes. Égoutter.

3. Ajouter le beurre d'arachide, la sauce soja, le jus de lime, la cassonade et la pâte de cari. Bien mélanger. Ajouter la viande et réchauffer à intensité élevée de 45 à 60 secondes. Servir avec les accompagnements choisis.

Variante

Poulet au cari : Remplacer les boulettes de bœuf par 150 g (1 tasse) de poulet cuit, en petits morceaux.

PRÉPARATION À L'AVANCE

Mettre les boulettes de viande dans la tasse ; couvrir et réfrigérer (réduire le temps de cuisson à 30 à 45 secondes à l'étape 1). Mesurer les légumes dans un petit contenant hermétique ; couvrir et réfrigérer (réduire le temps de cuisson de 30 secondes à l'étape 2). Mesurer le reste des ingrédients dans un petit contenant hermétique ; couvrir et réfrigérer jusqu'au moment de l'utilisation.

Pain de viande

Le pain de viande est idéal pour les familles et les grandes tablées. Pour faire changement, voici une recette pour une seule personne que vous pourrez adapter à votre goût.

1 tasse de 375 à 500 ml (12 à 16 oz)

Trucs
● Pourquoi ne pas essayer cette recette avec du bison, du porc, de la dinde ou du poulet haché au lieu du bœuf ? ● Divisez 500 g (1 lb) de bœuf haché en 4 portions de même grosseur. Enveloppez chacune dans du papier paraffiné, de la pellicule de plastique ou du papier-parchemin, puis rangez le tout dans un contenant hermétique ou un sac de congélation. La viande se conservera ainsi pendant 3 mois. Faites décongeler une portion à la fois au micro-ondes ou au réfrigérateur. ● La chapelure, les croûtons ou les flocons de maïs broyés finement peuvent remplacer les flocons d'avoine.

120 g	bœuf haché extramaigre	4 oz
2 c. à soupe	flocons d'avoine à cuisson rapide	2 c. à soupe
2 c. à soupe	oignons verts, hachés	2 c. à soupe
2 c. à soupe	ketchup	2 c. à soupe
$\frac{1}{8}$ de c. à café	sel	$\frac{1}{8}$ de c. à thé
$\frac{1}{8}$ de c. à café	poivre du moulin	$\frac{1}{8}$ de c. à thé

1. Dans un petit bol, mélanger la viande, les flocons d'avoine, les oignons verts, 1 c. à soupe de ketchup, le sel et le poivre. Former une boule sans trop compacter la viande, puis la mettre dans la tasse.

2. Mettre la tasse au micro-ondes sur du papier absorbant à double épaisseur. Cuire à intensité moyenne-élevée (70 %) pendant 9 minutes. Couper le pain de viande au centre ; s'il est encore rosé, poursuivre la cuisson à intensité moyenne-élevée (70 %) de 1 à 3 minutes. Couvrir avec le reste du ketchup et laisser reposer 2 minutes.

Variantes

Pain de viande barbecue : Remplacer le ketchup par de la sauce barbecue.

Pain de viande à la salsa : Remplacer le ketchup par de la salsa. Ajouter ½ c. à café (à thé) d'assaisonnement au chili ou ¼ de c. à café (à thé) de cumin moulu en même temps que le sel.

PRÉPARATION À L'AVANCE

Faire l'étape 1 ; couvrir et réfrigérer jusqu'au moment de l'utilisation. Terminer la recette avec l'étape 2.

Pâté chinois renversé

*Voici une belle façon de souhaiter
la bienvenue à l'automne.*

**1 tasse de 500 ml
(16 oz)**

Truc ● Congelez le reste de la macédoine dans un petit sac de congélation hermétique ou encore en portions de 60 g (⅓ de tasse) en prenant soin d'y inscrire le contenu et la date. Elle se conservera ainsi pendant 3 mois. Laissez-la décongeler au micro-ondes ou au réfrigérateur avant usage.

4	boulettes de bœuf cuites surgelées	4
60 g	macédoine de légumes en conserve, égouttée	⅓ de tasse
85 g	tomates à l'italienne en dés en conserve, avec le jus	⅓ de tasse
30 g	flocons de pommes de terre instantanés	½ tasse
⅛ de c. à café	sel	⅛ de c. à thé
1	pincée de poivre du moulin	1
125 ml	eau	½ tasse
60 ml	lait	¼ de tasse
2 c. à café	beurre	2 c. à thé
2 c. à soupe	cheddar râpé (facultatif)	2 c. à soupe

1. Mettre les boulettes de viande dans la tasse. Réchauffer complètement au micro-ondes, à intensité élevée, de 1 à 2 minutes. Transvider dans un petit bol et défaire à l'aide d'une fourchette. Ajouter la macédoine et les tomates.

2. Essuyer la tasse avec du papier absorbant, puis y mélanger à l'aide d'une fourchette les flocons de pommes de terre, le sel, le poivre, l'eau et le lait. Ajouter le beurre. Cuire à intensité élevée de 60 à 90 secondes ou jusqu'à ce que la préparation soit chaude et commence à bouillonner sur les bords. Remuer et cuire à intensité élevée de 60 à 90 secondes (vérifier après 60 secondes) ou jusqu'à épaississement.

3. Incorporer le fromage, puis ajouter la viande réservée. Réchauffer à intensité élevée de 30 à 60 secondes.

Variantes

Pâté chinois à la saucisse : Remplacer les boulettes de bœuf par 4 saucisses cuites, en petits morceaux, et le cheddar par 1 c. à soupe de parmesan râpé.

Pâté chinois à la sauce Alfredo : Remplacer les tomates par 60 ml (¼ de tasse) de sauce Alfredo.

Burrito au bœuf

Si vous avez envie d'un plat exotique, ne cherchez pas plus loin ! Servez-le avec des oignons verts hachés, des chips tortillas, de crème sure ou aigre légère ou de yogourt grec nature allégé et de la coriandre fraîche hachée.

Truc ● Congelez le reste des haricots dans un petit sac de congélation hermétique ou en portions de 100 g (½ tasse) en prenant soin d'y inscrire le contenu et la date. Ils se conserveront ainsi pendant 3 mois. Laissez-les décongeler au micro-ondes ou au réfrigérateur avant usage.

3	boulettes de bœuf cuites surgelées	3
25 g	riz brun instantané	¼ de tasse
125 ml	eau	½ tasse
45 g	maïs en grains surgelé	¼ de tasse
100 g	haricots noirs ou pinto en conserve, rincés et égouttés	½ tasse
60 ml	salsa	¼ de tasse
¼ de c. à café	cumin moulu ou assaisonnement au chili (facultatif)	¼ de c. à thé
3 c. à soupe	cheddar ou monterey jack râpé	3 c. à soupe

1. Mettre les boulettes de viande dans la tasse. Réchauffer complètement au micro-ondes, à intensité élevée, de 1 à 2 minutes. Transvider dans un petit bol et défaire à l'aide d'une fourchette.

2. Dans la même tasse, mélanger le riz et l'eau. Étaler le maïs sur le dessus. Couvrir la tasse avec une soucoupe. Cuire à intensité élevée de 5 à 6 minutes ou jusqu'à ce que l'eau soit presque complètement absorbée. Retirer du four et laisser reposer à couvert 1 minute ou jusqu'à ce que l'eau soit complètement absorbée.

3. Incorporer la viande réservée, les haricots, la salsa et le cumin. Réchauffer à découvert, à intensité élevée, de 45 à 75 secondes. Garnir de fromage. Couvrir avec la soucoupe et laisser reposer 1 minute. Servir avec les accompagnements choisis.

PRÉPARATION À L'AVANCE

Mettre les boulettes de viande dans la tasse ; couvrir et réfrigérer (réduire le temps de cuisson à 30 à 45 secondes à l'étape 1). Mesurer le riz dans un petit contenant hermétique ; couvrir et réserver à température ambiante. Mesurer le maïs, les haricots, la salsa et le cumin dans un petit contenant hermétique ; couvrir et réfrigérer (veuillez noter que le maïs doit être ajouté en même temps que les haricots, à l'étape 3, au lieu de cuire avec le riz). Mesurer le fromage dans un petit contenant hermétique ; couvrir et réfrigérer jusqu'au moment de l'utilisation.

Saucisse et haricots blancs au romarin

Cette recette peut être modifiée de plusieurs façons. Par exemple, vous pouvez remplacer la saucisse par des dés de jambon ou de saucisse non fumée, le parmesan par du fromage de chèvre et le persil par du pesto. Les pois chiches et les haricots de Lima font aussi bon ménage avec ce plat au lieu des haricots blancs.

Trucs

● Si désiré, incorporer ¼ de c. à café (à thé) de jus de citron à la préparation juste avant d'ajouter le parmesan. ● Congelez le reste des haricots blancs dans un petit sac de congélation hermétique ou en portions de 200 g (1 tasse) en prenant soin d'y inscrire le contenu et la date. Ils se conserveront ainsi pendant 3 mois. Laissez-les décongeler au micro-ondes ou au réfrigérateur avant usage.

200 g	haricots blancs en conserve, rincés et égouttés	1 tasse
80 g	saucisse fumée, cuite et coupée en dés	½ tasse
125 ml	bouillon de poulet ou de légumes	½ tasse
2 c. à café	persil frais haché	2 c. à thé
¼ de c. à café	romarin séché, émietté	¼ de c. à thé
	Sel et poivre du moulin	
1 c. à soupe	parmesan râpé	1 c. à soupe

1. À l'aide d'une fourchette, écraser la moitié des haricots blancs dans la tasse. Ajouter le reste des haricots, la saucisse, le bouillon, le persil et le romarin.

2. Réchauffer au micro-ondes de 75 à 90 secondes (vérifier après 75 secondes). Assaisonner au goût et saupoudrer de parmesan.

Variante

Saucisse et pois chiches au thym : Remplacer les haricots blancs par des pois chiches et le romarin par du thym séché.

PRÉPARATION À L'AVANCE

Faire l'étape 1 ; couvrir et réfrigérer jusqu'au moment de l'utilisation.

Saucisse, choucroute et pommes de terre

1 tasse de 500 ml (16 oz)

Cette recette est idéale pour les soirées d'automne. Servez-la avec une salade verte pour apporter un peu de fraîcheur à votre repas.

Trucs

● Vous pouvez acheter des pommes de terre rissolées râpées au lieu des pommes de terre en dés. ● Le jambon en dés peut être utilisé en remplacement de la saucisse fumée. ● Ne rincez pas la choucroute pour cette recette, car il est important de préserver son acidité.

150 g	pommes de terre rissolées en dés surgelées avec oignons et poivrons, en dés	⅔ de tasse
110 g	saucisse fumée cuite, en dés	⅔ de tasse
50 g	choucroute égouttée	⅓ de tasse
1 c. à café	moutarde américaine, de Dijon ou de Meaux	1 c. à thé
½ c. à café	cassonade ou sucre roux	½ c. à thé
	Poivre du moulin	

1. Mettre les pommes de terre dans la tasse. Réchauffer au micro-ondes, à intensité élevée, de 1 ½ à 2 minutes.

2. Ajouter le reste des ingrédients et poivrer au goût. Réchauffer à intensité élevée de 30 à 40 secondes.

PRÉPARATION À L'AVANCE

Mesurer les pommes de terre dans la tasse ; couvrir et réfrigérer (réduire le temps de cuisson de 30 secondes à l'étape 1). Mesurer le reste des ingrédients, sauf le poivre, dans un petit contenant hermétique ; couvrir et réfrigérer jusqu'au moment de l'utilisation.

Gratin de jambon
et de chou-fleur

Le jambon et le chou-fleur font bon ménage. L'ajout de parmesan et de croûtons broyés donne une allure de gratin à cette recette prête en un tournemain.

Trucs ● Si les fleurons de chou-fleur sont gros, faites-les décongeler un peu et hachez-les grossièrement avant usage. ● Pour broyer les croûtons, mettez-les dans un petit sac de plastique hermétique bien fermé, puis écrasez-les avec un objet lourd (boîte de conserve, maillet, livre, etc.). ● Vous pouvez remplacer les croûtons par des tortillas ou des chips broyées.

200 g	fleurons de chou-fleur surgelés	1 ¼ tasse
110 g	saucisse fumée cuite ou jambon, en dés	⅔ de tasse
2 c. à soupe	oignons verts, hachés	2 c. à soupe
1 pincée	muscade moulue	1 pincée
3 c. à soupe	sauce Alfredo allégée	3 c. à soupe
2 c. à café	parmesan râpé	2 c. à thé
2	croûtons à l'ail, broyés	2

1. Mettre le chou-fleur dans la tasse. Cuire au micro-ondes, à intensité élevée, de 1 ½ à 2 ½ minutes ou jusqu'à ce qu'il soit tendre et chaud. Égoutter.

2. Ajouter la viande, les oignons verts, la muscade et la sauce. Saupoudrer de parmesan. Cuire à intensité élevée de 45 à 60 secondes. Parsemer de chapelure de croûtons.

Variante

Gratin de brocoli : Remplacer le chou-fleur par des fleurons de brocoli et la muscade par ¼ de c. à café (à thé) de basilic séché ou d'assaisonnement à l'italienne.

PRÉPARATION À L'AVANCE

Mesurer le chou-fleur dans la tasse ; couvrir et réfrigérer (réduire le temps de cuisson de 30 secondes à l'étape 1). Mesurer la viande, les oignons verts, la muscade, la sauce Alfredo et le parmesan dans un petit contenant hermétique ; couvrir et réfrigérer. Broyer les croûtons dans un sac (*voir* Trucs) et les réserver dans celui-ci, à température ambiante, jusqu'au moment de l'utilisation.

Cordon-bleu
de poulet

Le jambon, le fromage et la sauce crémeuse donnent un plat des plus onctueux. Voici une version moderne d'un grand classique.

Truc • Les croûtons peuvent céder la place à une quantité égale de chips de pommes de terre broyées.

150 g	poulet cuit, en petits morceaux	1 tasse
40 g	fromage suisse ou mélange de fromages italiens râpés	⅓ de tasse
40 g	jambon haché	¼ de tasse
2 c. à soupe	sauce Alfredo allégée	2 c. à soupe
½ c. à café	moutarde de Dijon	½ c. à thé
⅛ de c. à café	poivre du moulin	⅛ de c. à thé
15 g	croûtons à l'ail et aux fines herbes, broyés	⅓ de tasse

1. Mélanger le poulet, le fromage, le jambon, la sauce Alfredo, la moutarde et le poivre dans la tasse.

2. Réchauffer au micro-ondes, à intensité élevée, de 75 à 90 secondes. Saupoudrer de chapelure de croûtons.

Variantes

Cordon-bleu de poulet aux épinards : Dans la tasse, cuire 120 g (¾ de tasse) d'épinards hachés surgelés à intensité élevée de 1 à 2 minutes ou jusqu'à ce qu'ils soient décongelés et bien chauds. Les presser fermement au fond de la tasse à l'aide d'une fourchette et jeter le surplus de liquide. Ajouter le reste des ingrédients et poursuivre avec la recette principale.

Gratin de jambon et de brocoli : Omettre la moutarde. Augmenter la quantité de sauce Alfredo à 3 c. à soupe et remplacer le fromage par 3 c. à soupe de fromage bleu émietté.

PRÉPARATION À L'AVANCE

Faire l'étape 1 ; couvrir et réfrigérer. Mesurer les croûtons dans un petit contenant hermétique ; couvrir et réserver à température ambiante jusqu'au moment de l'utilisation.

Poulet et légumes au pesto de basilic

Additionnez tous les bons ingrédients contenus dans cette recette et vous obtiendrez un repas de qualité qui n'a pas son pareil.

Trucs

● Si vous n'avez pas de tomate fraîche, prenez 85 g (⅓ de tasse) de tomates en dés en conserve, avec le jus. ● Il est possible de remplacer les haricots blancs par des pois chiches en conserve. ● Congelez le reste des haricots blancs dans un petit sac de congélation hermétique ou en portions de 140 g (⅔ de tasse) en prenant soin d'y inscrire le contenu et la date. Ils se conserveront ainsi pendant 3 mois. Laissez-les décongeler au micro-ondes ou au réfrigérateur avant usage.

80 g	pois sucrés surgelés	½ tasse
1	petite tomate prune, en dés	1
75 g	poulet cuit, en petits morceaux	½ tasse
140 g	haricots blancs en conserve, rincés et égouttés	⅔ de tasse
2 c. à soupe	pesto de basilic	2 c. à soupe

1. Mettre les pois dans la tasse. Réchauffer au micro-ondes, à intensité élevée, de 1 ½ à 2 minutes. Jeter le surplus de liquide.

2. Ajouter le reste des ingrédients et réchauffer à intensité élevée de 45 à 60 secondes.

Variante

Jambon et légumes au pesto de basilic : Remplacer le poulet par 100 g (⅔ de tasse) de jambon en dés.

PRÉPARATION À L'AVANCE

Mesurer les pois dans la tasse ; couvrir et réfrigérer (réduire le temps de cuisson de 30 secondes à l'étape 1). Mesurer le reste des ingrédients dans un petit contenant hermétique ; couvrir et réfrigérer jusqu'au moment de l'utilisation.

Poulet au paprika

1 tasse de 375 à 500 ml (12 à 16 oz)

N'oubliez pas les garnitures afin d'atténuer le goût épicé du poulet : céleri haché, oignons verts hachés, fromage bleu émietté, crème sure, crème aigre ou yogourt grec nature.

Trucs ● Les dés de dinde cuite sont excellents en remplacement du poulet. ● Si vous n'avez pas de paprika, mélangez 1 ½ c. à café (à thé) de pâte de tomates avec 1 c. à soupe de sauce marinara. Sinon, employez uniquement de la sauce marinara. Le goût ne sera pas le même, mais la couleur sera semblable.

165 g	pommes de terre rissolées surgelées, en dés	¾ de tasse
150 g	poulet cuit, en petits morceaux	1 tasse
1 c. à café	paprika	1 c. à thé
¼ de c. à café	poudre d'ail	¼ de c. à thé
1 c. à soupe	beurre	1 c. à soupe
1 c. à café	sauce piquante (ou au goût)	1 c. à thé

1. Mettre les pommes de terre dans la tasse. Réchauffer au micro-ondes, à intensité élevée, de 1 ½ à 2 minutes.

2. Ajouter le reste des ingrédients. Réchauffer au micro-ondes, à intensité élevée, de 60 à 75 secondes (vérifier après 60 secondes). Mélanger et servir avec les accompagnements choisis.

Variante

Sandwich au poulet : Servir la préparation cuite dans un petit pain grillé ou la moitié d'un pain pita. Garnir au goût.

PRÉPARATION À L'AVANCE

Mesurer les pommes de terre dans la tasse ; couvrir et réfrigérer (réduire le temps de cuisson de 30 secondes à l'étape 1). Mesurer le reste des ingrédients dans un petit contenant hermétique ; couvrir et réfrigérer jusqu'au moment de l'utilisation.

Club-sandwich
déconstruit

1 tasse de 500 ml (16 oz)

Si vous raffolez du club-sandwich au poulet, vous serez emballé par cette recette qui pourrait être à l'origine d'une nouvelle tradition culinaire ! Osez y ajouter du guacamole ou des dés d'avocat, du parmesan râpé ou du fromage bleu émietté et des oignons verts.

Trucs

● On trouve les miettes de bacon précuit au supermarché près des sauces à salade ou au comptoir des viandes préemballées. ● Vous pouvez remplacer la tomate fraîche par 85 g (⅓ de tasse) de tomates en dés en conserve, avec le jus.

150 g	poulet cuit, en petits morceaux	1 tasse
2 c. à soupe	miettes de bacon précuit	2 c. à soupe
2 c. à soupe	sauce Alfredo allégée	2 c. à soupe
¼ de c. à café	moutarde de Dijon (facultatif)	¼ de c. à thé
4	croûtons à l'ail ou nature, broyés grossièrement	4
1	petite tomate prune, en dés	1
40 g	laitue iceberg, en lanières	½ tasse

1. Mélanger le poulet, le bacon, la sauce Alfredo et la moutarde dans la tasse.

2. Réchauffer au micro-ondes de 75 à 90 secondes (vérifier après 75 secondes). Couvrir avec les croûtons, la tomate, la laitue et les accompagnements choisis.

Variante

Club-sandwich au crabe : Remplacer le poulet par la même quantité de chair de crabe en conserve, égouttée et effeuillée.

PRÉPARATION À L'AVANCE

Mélanger le poulet, le bacon, la sauce Alfredo et la moutarde dans la tasse ; couvrir et réfrigérer. Mesurer séparément les croûtons, la tomate et la laitue dans des petits contenants hermétiques ; couvrir et réfrigérer jusqu'au moment de l'utilisation.

Casserole de poulet et de brocoli

1 tasse de 500 ml (16 oz)

Cette recette permet d'utiliser judicieusement les restes de poulet cuit. Ajoutez-y du brocoli et du fromage pour composer un repas nourrissant et original.

Truc ● Vous pouvez employer 140 g (⅔ de tasse) de riz brun cuit au lieu du riz brun instantané. À l'étape 1, réchauffez alors le brocoli (sans le riz) de 1 ½ à 2 minutes, puis jetez le surplus de liquide. Ajoutez le riz en même temps que le poulet et augmentez le temps de cuisson de 30 secondes à l'étape 2.

30 g	riz brun instantané	⅓ de tasse
160 ml	eau	⅔ de tasse
120 g	brocoli surgelé, haché	¾ de tasse
75 g	poulet cuit, en petits morceaux	½ tasse
40 g	cheddar râpé	⅓ de tasse
55 g	fromage cottage	¼ de tasse
¼ de c. à café	poudre d'ail (facultatif)	¼ de c. à thé
¼ de c. à café	assaisonnement à l'italienne (facultatif)	¼ de c. à thé
	Sel et poivre du moulin	

1. Mélanger le riz et l'eau dans la tasse. Ajouter le brocoli. Couvrir la tasse avec une soucoupe. Cuire au micro-ondes, à intensité élevée, de 5 à 6 minutes ou jusqu'à ce que l'eau soit presque complètement absorbée. Retirer du four et laisser reposer à couvert pendant 1 minute.

2. Ajouter le poulet, les fromages, la poudre d'ail et l'assaisonnement à l'italienne. Réchauffer à intensité élevée de 45 à 75 secondes. Laisser reposer 30 secondes, puis assaisonner au goût.

Variantes

Casserole de poulet et de légumes : Remplacer le brocoli par la même quantité de macédoine en conserve, égouttée.

Casserole de poulet et de tomates au fromage de chèvre : Remplacer le brocoli par 125 g (½ tasse) de tomates à l'italienne en dés en conserve, égouttées. Remplacer le cheddar par 40 g (¼ de tasse) de fromage de chèvre émietté.

Casserole de haricots blancs et de brocoli : Remplacer le poulet par 100 g (½ tasse) de haricots blancs en conserve, rincés et égouttés.

Gâteau au saumon et aux poivrons rouges

1 tasse de 375 à 500 ml (12 à 16 oz)

(vaporiser l'intérieur d'enduit à cuisson antiadhésif)

Nul besoin d'une poêle à frire pour cuire un délicieux gâteau qui vous rappellera le goût des fameuses croquettes de saumon. Vous aimerez les servir avec 1 c. à soupe de mayonnaise mélangée avec quelques gouttes de jus de citron et une goutte de sauce piquante.

Trucs ● Les croûtons broyés donnent un goût grillé au gâteau, mais vous pouvez les remplacer par de la chapelure nature ou à l'italienne. ● Les oignons verts peuvent céder la place à 1 c. à soupe de fines herbes fraîches hachées (basilic, coriandre, persil, etc.).

1	gros œuf	1
1/8 de c. à café	sel	1/8 de c. à thé
1/8 de c. à café	poudre d'ail	1/8 de c. à thé
1/8 de c. à café	sauce piquante	1/8 de c. à thé
150 g	saumon sans arêtes en conserve, égoutté et effeuillé	5 oz
3 c. à soupe	croûtons nature ou assaisonnés, broyés	3 c. à soupe
2 c. à soupe	poivrons rouges rôtis en pot, égouttés et hachés (facultatif)	2 c. à soupe
1 1/2 c. à soupe	oignons verts, hachés finement	1 1/2 c. à soupe

1. Dans la tasse, à l'aide d'un fouet, mélanger l'œuf, le sel, la poudre d'ail et la sauce piquante. Ajouter le saumon, les croûtons, les poivrons et les oignons verts. Presser doucement.

2. Cuire au micro-ondes, à intensité élevée, de 60 à 75 secondes ou jusqu'à ce que le gâteau soit pris et un peu sec au toucher.

Variante

Gâteau au crabe sans façon : Remplacer le saumon par la même quantité de crabe en conserve, égoutté et effeuillé.

PRÉPARATION À L'AVANCE

Faire l'étape 1 ; couvrir et réfrigérer jusqu'au moment de l'utilisation. Terminer la recette avec l'étape 2.

Casserole de thon
croustillante

*Nul doute que cette recette deviendra l'une de
vos préférées. À la fois crémeuse et croustillante,
cette casserole de thon a vraiment tout pour plaire.*

Truc ●
Congelez le reste de la macédoine dans un petit sac de congélation hermétique ou encore en portions de 60 g (⅓ de tasse) en prenant soin d'y inscrire le contenu et la date. Elle se conservera ainsi pendant 3 mois. Laissez-la décongeler au micro-ondes ou au réfrigérateur avant usage.

70 g	thon blanc en conserve (dans l'eau), égoutté et effeuillé	2 ½ oz
60 g	macédoine de légumes en conserve, égouttée	⅓ de tasse
60 ml	sauce Alfredo	¼ de tasse
1 pincée	poivre du moulin	1 pincée
10 g	chips de pommes de terre broyées grossièrement	⅓ de tasse

1. Bien mélanger tous les ingrédients, sauf les chips, dans la tasse.

2. Réchauffer au micro-ondes, à intensité élevée, de 75 à 90 secondes (vérifier après 75 secondes). Saupoudrer de chips broyées.

Variantes

Casserole de crabe crémeuse : Remplacer le thon par 120 à 150 g (4 à 5 oz) de chair de crabe en conserve, égouttée et effeuillée. Remplacer la macédoine par du maïs surgelé ou en conserve. Ajouter ¼ de c. à café (à thé) de basilic séché en même temps que la sauce Alfredo. Remplacer les chips par 3 c. à soupe de chapelure nature ou assaisonnée.

Casserole de thon aux artichauts : Remplacer la macédoine par 40 g (¼ de tasse) de cœurs d'artichauts marinés en pot, égouttés et hachés grossièrement.

PRÉPARATION À L'AVANCE

Mesurer le thon, la macédoine, la sauce Alfredo et le poivre dans la tasse ; couvrir et réfrigérer. Mesurer les chips dans un petit contenant hermétique ; couvrir et réserver à température ambiante jusqu'au moment de l'utilisation.

Saumon teriyaki

Ce plat remarquable allie saumon, concombre mariné et sauce teriyaki. Voilà de quoi concocter rapidement un mets à la fois consistant et rafraîchissant.

1 tasse de 375 à 500 ml (12 à 16 oz)

Truc • Ajoutez le concombre au vinaigre quelques minutes seulement avant de servir le saumon afin qu'il reste bien croquant.

¼ de c. à café	sucre granulé	¼ de c. à thé
⅛ de c. à café	sel	⅛ de c. à thé
1 c. à café	vinaigre blanc, vinaigre de riz ou vinaigre de cidre	1 c. à thé
70 g	concombre pelé, épépiné et en dés	½ tasse
1 c. à soupe	oignons verts hachés	1 c. à soupe
150 g	saumon sans arêtes en conserve, égoutté et effeuillé	5 oz
1 ½ c. à soupe	sauce teriyaki	1 ½ c. à soupe
1 ½ c. à café	graines de sésame grillées (facultatif)	1 ½ c. à thé

1. Dans un petit bol, à l'aide d'une fourchette, mélanger le sucre, le sel et le vinaigre jusqu'à dissolution du sucre. Ajouter le concombre et les oignons verts.

2. Mélanger le saumon et la sauce teriyaki dans la tasse. Réchauffer au micro-ondes, à intensité élevée, de 75 à 90 secondes. Couvrir avec la préparation de concombre et saupoudrer de graines de sésame.

Variante

Poulet teriyaki : Remplacer le saumon par la même quantité de poulet cuit, en petits morceaux.

PRÉPARATION À L'AVANCE

Mesurer le sucre, le sel et le vinaigre dans un petit contenant hermétique ; couvrir et réfrigérer. Mesurer le concombre et les oignons verts dans un petit contenant hermétique ; couvrir et réfrigérer. Mesurer le saumon et la sauce teriyaki dans un petit contenant hermétique ; couvrir et réfrigérer. Mesurer les graines de sésame dans un contenant hermétique ; couvrir et réserver à température ambiante jusqu'au moment de l'utilisation.

Salade niçoise au thon

Le thon en boîte est riche en protéines et peu coûteux.
Il fait des miracles lorsqu'on a peu de temps pour cuisiner.
Celui conservé dans l'eau est ferme et agréable à manger.
Servez cette salade avec du persil frais haché ou des
quartiers de citron.

1 tasse de 500 ml (16 oz)

Truc ● On peut aussi utiliser des pommes de terre râpées rissolées ou encore des pommes de terre rissolées en dés avec oignons et poivrons. Elles doivent être surgelées.

110 g	pommes de terre rissolées surgelées, en dés	½ tasse
100 g	haricots verts surgelés, en morceaux	½ tasse
150 g	thon en conserve (dans l'eau), égoutté et effeuillé	5 oz
125 g	tomates à l'italienne en dés en conserve, avec le jus	½ tasse
2 c. à soupe	olives noires en saumure (ex. : Kalamata) ou olives mûres, égouttées	2 c. à soupe
1 c. à soupe	huile d'olive	1 c. à soupe
	Sel et poivre du moulin	

1. Mettre les pommes de terre et les haricots verts dans la tasse. Réchauffer au micro-ondes, à intensité élevée, pendant 90 secondes.

2. Ajouter le thon, les tomates, les olives et l'huile. Réchauffer à intensité élevée de 45 à 60 secondes. Assaisonner au goût. Servir avec les accompagnements choisis.

Variante

Salade niçoise au saumon : Remplacer le thon par la même quantité de saumon en conserve, égoutté et effeuillé.

PRÉPARATION À L'AVANCE

Mesurer les pommes de terre et les haricots verts dans la tasse ; couvrir et réfrigérer (réduire le temps de cuisson de 30 secondes à l'étape 1). Mesurer le thon, les tomates, les olives et l'huile dans un petit contenant hermétique ; couvrir et réfrigérer jusqu'au moment de l'utilisation.

Pâtes
et céréales

Sauce à spaghetti

1 tasse de 500 ml (16 oz)

Ayez toujours de la salsa, de la sauce marinara, du hoummos et du beurre à la maison afin de pouvoir concocter cette sauce à spaghetti santé moins coûteuse et bien meilleure que celle du commerce. Vous pouvez l'accompagner de fromage émietté, râpé ou en filaments (parmesan, cheddar, féta) et de fines herbes fraîches (ciboulette, basilic, persil, coriandre).

Truc ● Si vous utilisez de longs spaghettis, coupez-les en morceaux de 2,5 cm à 4 cm (1 po à 1 ½ po) pour obtenir un meilleur résultat.

50 g	coquillettes ou spaghettis en morceaux (*voir* Trucs)	½ tasse
1	pincée de sel	1
160 ml	eau	⅔ de tasse
	Sauce au choix (voir suggestions ci-après)	
	Sel et poivre du moulin	

Suggestions de sauces

2 c. à soupe	sauce marinara	2 c. à soupe
2 c. à soupe	sauce Alfredo	2 c. à soupe
1 ½ c. à soupe	pesto de basilic	1 ½ c. à soupe
3 c. à soupe	salsa	3 c. à soupe
3 c. à soupe	fromage cottage ou ricotta	3 c. à soupe
1 ½ c. à soupe	tapenade d'olives	1 ½ c. à soupe
1 c. à sauce	teriyaki	1 c. à soupe
1 c. à soupe	beurre ou huile d'olive	1 c. à soupe
2 c. à soupe	hoummos	2 c. à soupe
65 g	tomates en dés en conserve (avec ou sans piments verts), avec le jus	¼ de tasse

1. Mélanger les pâtes, le sel et l'eau dans la tasse. Mettre la tasse au micro-ondes sur du papier absorbant à double épaisseur. Cuire à intensité élevée pendant 2 minutes. Remuer et cuire à intensité élevée pendant 3 minutes. Si la préparation semble sèche, ajouter 1 c. à soupe d'eau. Cuire de 1 ½ à 2 minutes ou jusqu'à ce que les pâtes soient tendres.

2. Ajouter la sauce choisie. Réchauffer à intensité élevée de 15 à 45 secondes (vérifier après 15 secondes). Laisser reposer 30 secondes avant d'assaisonner au goût. Servir avec les accompagnements choisis.

Macaroni aux haricots blancs, au brocoli et au parmesan

Ce plat végétarien hors de l'ordinaire est superbement rehaussé de parmesan et de jus de citron.

Truc ●
Ajoutez ¼ de c. à café (à thé) de vos fines herbes séchées préférées (basilic, origan, assaisonnement à l'italienne) en même temps que le parmesan.

60 g	macaronis (coudes ou petites bagues)	½ tasse
⅛ de c. à café	sel	⅛ de c. à thé
160 ml	eau	⅔ de tasse
80 g	brocoli surgelé, haché	½ tasse
70 g	haricots blancs en conserve, rincés et égouttés	⅓ de tasse
2 c. à café	huile d'olive ou beurre	2 c. à thé
1 c. à café	jus de citron	1 c. à thé
1 ½ c. à soupe	parmesan râpé	1 ½ c. à soupe
	Sel et poivre du moulin	

1. Mélanger les pâtes, le sel et l'eau dans la tasse. Mettre la tasse au micro-ondes sur du papier absorbant à double épaisseur. Cuire à intensité élevée pendant 2 minutes. Remuer et cuire à intensité élevée pendant 3 ½ minutes.

2. Incorporer le brocoli. Ajouter 1 c. à soupe d'eau si la préparation semble sèche. Cuire à intensité élevée de 1 à 1 ½ minute.

3. Ajouter les haricots blancs, l'huile et le jus de citron. Réchauffer à intensité élevée de 45 à 60 secondes. Laisser reposer 1 minute, puis incorporer le parmesan. Assaisonner au goût.

Variante

Macaroni sans gluten : Utiliser des macaronis de quinoa au lieu des pâtes de blé et réduire le temps de cuisson final de 30 secondes à l'étape 1.

PRÉPARATION À L'AVANCE

Mesurer les pâtes et le sel dans la tasse ; couvrir et réserver à température ambiante. Mesurer le brocoli dans un contenant hermétique ; couvrir et réfrigérer. Mesurer les haricots blancs, l'huile et le jus de citron dans un petit contenant hermétique ; couvrir et réfrigérer. Mesurer le parmesan dans un petit contenant hermétique ; couvrir et réfrigérer jusqu'au moment de l'utilisation.

Macaroni au fromage

1 tasse de 500 ml (16 oz)

Existe-t-il plat plus réconfortant que le macaroni au fromage ? Celui-ci ne renferme que de bons ingrédients et requiert très peu de préparation.

Trucs ● Ajoutez ¼ de c. à café (à thé) de vos herbes séchées préférées (basilic, origan, assaisonnement à l'italienne) en même temps que les fromages. ● Pour broyer les croûtons, mettez-les dans un petit sac de plastique hermétique bien fermé, puis écrasez-les avec un objet lourd (boîte de conserve, maillet, livre, etc.).

60 g	macaronis (coudes)	½ tasse
⅛ de c. à café	sel	⅛ de c. à thé
160 ml	eau	⅔ de tasse
2 c. à soupe	cheddar fort râpé	2 c. à soupe
1 c. à soupe	parmesan râpé	1 c. à soupe
2 c. à soupe	crème légère (10 à 15 %)	2 c. à soupe
¼ de c. à café	moutarde américaine ou de Dijon (facultatif)	¼ de c. à thé
	Sel et poivre du moulin	

1. 1. Mélanger les pâtes, le sel et l'eau dans la tasse. Mettre la tasse au micro-ondes sur du papier absorbant à double épaisseur. Cuire à intensité élevée pendant 2 minutes. Remuer et cuire 3 minutes de plus. Si la préparation semble sèche, ajouter 1 c. à soupe d'eau. Cuire de 1 ½ à 2 minutes ou jusqu'à ce que les pâtes soient tendres.

2. Ajouter les fromages, la crème et la moutarde. Remuer jusqu'à ce que les fromages soient fondus. Réchauffer à intensité élevée de 15 à 30 secondes (vérifier après 15 secondes). Laisser reposer 1 minute, puis remuer. Assaisonner au goût et saupoudrer de chapelure de croûtons.

Variantes

Macaroni au fromage et au bacon : Ajouter 1 c. à soupe de miettes de bacon précuit en même temps que les fromages.

Macaroni épicé à la salsa : N'utiliser que 1 c. à soupe de crème et ajouter 1 c. à soupe de salsa et ¼ de c. à café (à thé) de cumin moulu ou d'assaisonnement au chili en même temps que les fromages.

Macaroni au fromage sans gluten : N'utiliser que 1 c. à soupe de crème et ajouter 1 c. à soupe de salsa et ¼ de c. à café (à thé) de cumin moulu ou d'assaisonnement au chili en même temps que les fromages.

Coquillettes au fromage
et aux épinards

Ces pâtes aux deux fromages ont tout pour plaire puisqu'elles ne contiennent que des ingrédients de qualité ainsi qu'une bonne quantité de protéines.

Trucs ● Ajoutez ¼ de c. à café (à thé) de vos herbes séchées préférées (basilic, origan, assaisonnement à l'italienne) en même temps que les fromages. ● Essayez cette recette avec du fromage cottage au lieu de la ricotta.

160 g	épinards surgelés, hachés	1 tasse
50 g	coquillettes (pâtes)	½ tasse
⅛ de c. à café	sel	⅛ de c. à thé
160 ml	eau	⅔ de tasse
125 g	tomates à l'italienne en dés en conserve, avec le jus	½ tasse
80 g	ricotta	⅓ de tasse
1 c. à soupe	parmesan râpé	1 c. à soupe
	Sel et poivre du moulin	

1. Mettre les épinards dans la tasse et réchauffer au micro-ondes, à intensité élevée, de 1 à 2 minutes ou jusqu'à ce qu'ils soient décongelés et chauds. Presser fermement à l'aide d'une fourchette et jeter le liquide accumulé dans la tasse. Réserver les épinards dans un bol.

2. Mélanger les pâtes, le sel et l'eau dans la tasse. Mettre la tasse au micro-ondes sur du papier absorbant à double épaisseur. Cuire à intensité élevée pendant 2 minutes. Remuer et cuire 3 minutes de plus. Si la préparation semble sèche, ajouter 1 c. à soupe d'eau. Cuire de 1 ½ à 2 minutes ou jusqu'à ce que les pâtes soient tendres.

3. Incorporer les épinards réservés, les tomates et les fromages. Réchauffer à intensité élevée de 30 à 45 secondes. Laisser reposer 1 minute, puis assaisonner au goût.

Variante

Coquillettes au fromage et aux épinards sans gluten : Remplacer les coquillettes par des macaronis de quinoa et réduire le temps de cuisson final de 30 secondes à l'étape 2.

PRÉPARATION À L'AVANCE

Mesurer les épinards dans la tasse ; couvrir et réfrigérer (réduire le temps de cuisson à 30 secondes à l'étape 1). Mesurer les pâtes et le sel dans un petit contenant hermétique ; couvrir et réserver à température ambiante. Mesurer les tomates et les fromages dans un petit contenant hermétique ; couvrir et réfrigérer jusqu'au moment de l'utilisation.

Pâtes à la puttanesca

1 tasse de 500 ml (16 oz)

Ces pâtes sont épicées, réconfortantes et savoureuses.

Trucs ●
Pour donner une touche de fraîcheur à ce plat, ajoutez 1 c. à soupe de persil frais haché juste avant de servir. ● Congelez le reste des tomates dans un petit sac de congélation hermétique ou encore en portions de 125 g (½ tasse) en prenant soin d'y inscrire le contenu et la date. Elles se conserveront ainsi pendant 3 mois. Laissez-les décongeler au micro-ondes ou au réfrigérateur avant usage.

60 g	macaronis (coudes ou petites bagues)	½ tasse
⅛ de c. à café	sel	⅛ de c. à thé
160 ml	eau	⅔ de tasse
125 g	tomates à l'italienne en dés en conserve, avec le jus	½ tasse
1 c. à soupe	olives en saumure, égouttées, dénoyautées et hachées	1 c. à soupe
1 c. à café	câpres égouttées (facultatif)	1 c. à thé
1 c. à café	huile d'olive	1 c. à thé
1	pincée de cayenne	1
	Sel	

1. Mélanger les pâtes, le sel et l'eau dans la tasse. Mettre la tasse au micro-ondes sur du papier absorbant à double épaisseur. Cuire à intensité élevée pendant 2 minutes. Remuer et cuire 3 minutes de plus. Si la préparation semble sèche, ajouter 1 c. à soupe d'eau. Cuire de 1 ½ à 2 minutes ou jusqu'à ce que les pâtes soient tendres.

2. Ajouter les tomates, les olives, les câpres, l'huile et le cayenne. Réchauffer à intensité élevée de 30 à 45 secondes. Laisser reposer 1 minute. Remuer et saler au goût.

Variantes

Pâtes à la viande : Omettre les câpres et doubler la quantité d'olives. Ajouter 3 c. à soupe de saucisse fumée ou de jambon, cuit et haché, en même temps que les olives. Ajouter 1 c. à soupe de persil frais haché en même temps que le sel.

Pâtes à la puttanesca sans gluten : Utiliser des macaronis de quinoa au lieu des pâtes de blé et réduire le temps de cuisson final de 30 secondes à l'étape 1.

PRÉPARATION À L'AVANCE

Mesurer les pâtes et le sel dans la tasse ; couvrir et réserver à température ambiante. Mesurer les tomates, les olives, les câpres, l'huile et le cayenne dans un petit contenant hermétique ; couvrir et réfrigérer jusqu'au moment de l'utilisation.

Macaroni
au bœuf et au cheddar

La présence de ketchup, de moutarde et de relish peut sembler incongrue dans une recette de macaroni, mais vous aurez l'agréable impression de déguster un bon hamburger au fromage...

Trucs ● Ajoutez ¼ de c. à café (à thé) de vos fines herbes séchées préférées (basilic, origan, assaisonnement à l'italienne) en même temps que la moutarde. ● Congelez le reste des tomates dans un petit sac de congélation hermétique ou en portions de 85 g (⅓ de tasse) en prenant soin d'y inscrire le contenu et la date. Elles se conserveront ainsi pendant 3 mois. Laissez-les décongeler au micro-ondes ou au réfrigérateur avant usage.

2	boulettes de bœuf cuites surgelées	2
60 g	macaronis (coudes)	½ tasse
160 ml	eau	⅔ de tasse
85 g	tomates en dés en conserve, avec le jus	⅓ de tasse
3 c. à soupe	cheddar fort, râpé	3 c. à soupe
1 c. à café	ketchup	1 c. à thé
1 c. à café	relish sucrée (facultatif)	1 c. à thé
¼ de c. à café	moutarde américaine ou de Dijon (facultatif)	¼ de c. à thé
1 c. à soupe	oignons verts hachés (facultatif)	1 c. à soupe

1. Mettre les boulettes de viande dans la tasse. Réchauffer complètement au micro-ondes, à intensité élevée, de 1 à 2 minutes. Transvider dans un petit bol et défaire à l'aide d'une fourchette.

2. Mélanger les pâtes et l'eau dans la tasse. Mettre la tasse au micro-ondes sur du papier absorbant à double épaisseur. Cuire à intensité élevée pendant 2 minutes. Remuer et cuire à intensité élevée pendant 3 minutes. Si la préparation semble sèche, ajouter 1 c. à soupe d'eau. Cuire de 1 ½ à 2 minutes ou jusqu'à ce que les pâtes soient tendres.

3. Incorporer la viande réservée, les tomates, le cheddar, le ketchup, la relish et la moutarde. Remuer jusqu'à ce que le fromage soit fondu. Réchauffer à intensité élevée de 45 à 60 secondes. Laisser reposer 1 minute, remuer et garnir d'oignons verts.

Pâtes aux trois fromages

1 tasse de 500 ml (16 oz)

Voici de quoi combler tous les affamés sans trop d'efforts : des pâtes, des boulettes de viande et un mélange de trois fromages qui ne vous décevront pas.

Trucs ● Si vous utilisez de longs spaghettis, coupez-les en morceaux de 2,5 cm à 4 cm (1 po à 1 ½ po) pour obtenir un meilleur résultat. ● Ajoutez ¼ de c. à café (à thé) de vos fines herbes séchées préférées (basilic, origan, assaisonnement à l'italienne) en même temps que la mozzarella.

2	boulettes de bœuf cuites surgelées	2
50 g	coquillettes ou spaghettis en morceaux (*voir* Trucs)	½ tasse
160 ml	eau	⅔ de tasse
80 ml	sauce marinara	⅓ de tasse
55 g	fromage cottage	¼ de tasse
1 c. à soupe	parmesan râpé	1 c. à soupe
30 g	mozzarella râpée ou mélange de fromages italiens râpés	¼ de tasse

1. Mettre les boulettes de viande dans la tasse. Réchauffer complètement au micro-ondes, à intensité élevée, de 1 à 2 minutes. Transvider dans un petit bol et défaire à l'aide d'une fourchette.

2. Mélanger les pâtes et l'eau dans la tasse. Mettre la tasse au micro-ondes sur du papier absorbant à double épaisseur. Cuire à intensité élevée pendant 2 minutes. Remuer et cuire à intensité élevée pendant 3 minutes. Si la préparation semble sèche, ajouter 1 c. à soupe d'eau. Cuire de 1 ½ à 2 minutes ou jusqu'à ce que les pâtes soient tendres.

3. Incorporer la viande, la sauce marinara, le cottage et le parmesan. Saupoudrer de mozzarella et réchauffer à intensité élevée de 30 à 45 secondes ou jusqu'à ce qu'elle soit fondue. Laisser reposer 1 minute avant de servir.

Variantes

Pâtes végétaliennes : Remplacer les boulettes de bœuf par des boulettes végétaliennes et la mozzarella râpée par un fromage végétalien de même type. Utiliser 60 g (¼ de tasse) de tofu soyeux, égoutté et écrasé, au lieu du cottage et omettre le parmesan.

Pâtes sans gluten aux trois fromages : Utiliser des spaghettis de quinoa, brisés en morceaux de 5 cm (2 po) de longueur, au lieu des pâtes de blé. Réduire le temps de cuisson final de 30 secondes à l'étape 2. S'assurer que les boulettes de bœuf et la sauce marinara sont exempts de gluten.

Pâtes à l'antipasto

Cette recette s'inspire des bons ingrédients qui composent l'antipasto classique de la cuisine italienne : tomates assaisonnées, légumineuses, salami, fromage, olives en saumure et persil frais.

1 tasse de 500 ml (16 oz)

Trucs ●
Ajoutez ¼ de c. à café (à thé) de vos fines herbes séchées préférées (basilic, origan, assaisonnement à l'italienne) en même temps que le fromage. ● Congelez séparément le reste des tomates et des légumineuses dans des petits sacs de congélation hermétiques. Vous pouvez aussi les congeler dans le même sac ou encore en portions de 80 g (⅓ de tasse) en prenant soin d'y inscrire le contenu et la date. Elles se conserveront ainsi pendant 3 mois. Laissez-les décongeler au micro-ondes ou au réfrigérateur avant usage.

60 g	macaronis (coudes ou petites bagues)	½ tasse
160 ml	eau	⅔ de tasse
190 g	tomates à l'italienne en dés en conserve, avec le jus	¾ de tasse
70 g	haricots blancs ou pois chiches en conserve, rincés et égouttés	⅓ de tasse
2 c. à soupe	salami haché	2 c. à soupe
1 c. à soupe	olives en saumure ou d'olives mûres, égouttées et coupées en tranches	1 c. à soupe
1 c. à soupe	huile d'olive	1 c. à soupe
1 c. à soupe	fromage émietté ou en dés (ex. : mozzarella, chèvre, féta)	1 c. à soupe
1 c. à soupe	persil frais haché	1 c. à soupe
	Sel et poivre du moulin	

1. Mélanger les pâtes et l'eau dans la tasse. Mettre la tasse au micro-ondes sur du papier absorbant à double épaisseur. Cuire à intensité élevée pendant 2 minutes. Remuer et cuire à intensité élevée pendant 3 minutes. Si la préparation semble sèche, ajouter 1 c. à soupe d'eau. Cuire de 1 ½ à 2 minutes ou jusqu'à ce que les pâtes soient tendres.

2. Ajouter les tomates, les haricots blancs, le salami, les olives et l'huile. Réchauffer à intensité élevée de 30 à 45 secondes. Laisser reposer 1 minute avant d'incorporer le fromage et le persil. Assaisonner au goût.

Variante

Pâtes sans gluten à l'antipasto : Utiliser des macaronis de quinoa au lieu des pâtes de blé et réduire le dernier temps de cuisson de l'étape 1 de 30 secondes.

Pâtes au poulet

1 tasse de 500 ml (16 oz)

Quoi de plus réconfortant qu'un savant mélange de poulet et de pâtes ? Dans cette recette, le bouillon est presque complètement absorbé par les pâtes, ce qui nous rappelle le bon goût du potage au poulet et aux nouilles.

Trucs ● Si vous utilisez de longs spaghettis, coupez-les en morceaux de 2,5 cm à 4 cm (1 po à 1 ½ po) pour obtenir un meilleur résultat. ● Mélangez les légumes avec ¼ de c. à café (à thé) de vos fines herbes séchées préférées ou un mélange de basilic, d'origan et d'assaisonnement à l'italienne.

50 g	coquillettes ou spaghettis en morceaux (*voir* Trucs)	½ tasse
180 ml	bouillon de poulet	¾ de tasse
150 g	poulet cuit, en petits morceaux	1 tasse
55 g	carottes et petits pois surgelés	⅓ de tasse
	Sel et poivre du moulin	

1. Mettre les pâtes et le bouillon dans la tasse. Mettre la tasse au micro-ondes sur du papier absorbant à double épaisseur. Cuire à intensité élevée pendant 2 minutes. Remuer et cuire 3 minutes de plus. Si la préparation semble sèche, ajouter 1 c. à soupe d'eau. Cuire de 1 ½ à 2 minutes ou jusqu'à ce que les pâtes soient tendres.

2. Ajouter le poulet et les légumes. Réchauffer à intensité élevée de 60 à 90 secondes. Laisser reposer 1 minute. Remuer et assaisonner au goût.

Variante

Poulet et nouilles sans gluten : Utiliser des spaghettis de quinoa coupés en morceaux de 2,5 cm (1 po) et réduire le temps de cuisson de 30 secondes à l'étape 1.

PRÉPARATION À L'AVANCE

Mesurer les pâtes dans la tasse ; couvrir et réserver à température ambiante. Mesurer le bouillon dans un petit contenant hermétique ; couvrir et réfrigérer. Mesurer le poulet et les légumes dans un petit contenant hermétique ; couvrir et réfrigérer jusqu'au moment du repas (réduire le temps de cuisson de 30 secondes à l'étape 2).

Casserole de pâtes au thon et au cheddar

1 tasse de 500 ml (16 oz)

Même ceux qui préfèrent le thon en sandwich ou en salade seront conquis par cette belle recette maison.

Trucs

● Pour broyer les croûtons, mettez-les dans un petit sac de plastique hermétique bien fermé, puis écrasez-les avec un objet lourd (boîte de conserve, maillet, livre, etc.). ● Congelez le reste du thon dans un petit contenant ou un sac de congélation hermétique. Il se conservera ainsi pendant 3 mois.

40 g	coquillettes ou macaronis (coudes)	⅓ de tasse
⅛ de c. à café	sel	⅛ de c. à thé
160 ml	eau	⅔ de tasse
55 g	carottes et petits pois surgelés	⅓ de tasse
90 g	thon en conserve (dans l'eau), égoutté et effeuillé	3 oz
2 c. à soupe	cheddar râpé	2 c. à soupe
2 c. à soupe	sauce Alfredo	2 c. à soupe
	Sel et poivre du moulin	
2	croûtons à l'ail, broyés (facultatif)	2

1. Mélanger les pâtes, le sel et l'eau dans la tasse. Mettre la tasse au micro-ondes sur du papier absorbant à double épaisseur. Cuire à intensité élevée pendant 2 minutes. Remuer et cuire à intensité élevée pendant 3 minutes. Si la préparation semble sèche, ajouter 1 c. à soupe d'eau. Cuire de 1 ½ à 2 minutes ou jusqu'à ce que les pâtes soient tendres.

2. Ajouter les légumes. Réchauffer à intensité élevée de 45 à 75 secondes.

3. Ajouter le thon, le cheddar et la sauce Alfredo. Remuer jusqu'à ce que le fromage soit fondu. Réchauffer à intensité élevée pendant 30 secondes. Laisser reposer 1 minute, puis remuer. Assaisonner au goût et saupoudrer de chapelure de croûtons.

Variantes

Casserole de pâtes au poulet et au cheddar : Remplacer le thon par 50 g (⅓ de tasse) de poitrine de poulet (blanc de volaille) cuite et coupée en dés.

Casserole de pâtes sans gluten au thon et au cheddar : Utiliser des macaronis de quinoa au lieu des pâtes de blé et réduire le dernier temps de cuisson de l'étape 1 de 30 secondes. Omettre les croûtons ou prendre des croûtons sans gluten.

Orzo au saumon et à l'aneth

L'aneth, le zeste et le jus de citron rehaussent savoureusement la saveur du saumon dans ce plat santé très appétissant.

Truc •

Congelez le reste du saumon dans un petit contenant ou un sac de congélation hermétique. Il se conservera ainsi pendant 3 mois.

70 g	orzo ou autres petites pâtes	⅓ de tasse
⅛ de c. à café	sel	⅛ de c. à thé
160 ml	eau	⅔ de tasse
70 g	saumon sans arêtes en conserve, égoutté et effeuillé	2 ½ oz
½ c. à café	graines d'aneth séchées	½ c. à thé
1 c. à soupe	huile d'olive	1 c. à soupe
½ c. à café	zeste de citron râpé finement	½ c. à thé
2 c. à café	jus de citron frais	2 c. à thé
	Sel et poivre du moulin	

1. Mélanger l'orzo, le sel et l'eau dans la tasse. Mettre la tasse au micro-ondes sur du papier absorbant à double épaisseur. Cuire à intensité élevée pendant 2 minutes. Remuer et cuire pendant 3 minutes de plus. Si la préparation semble sèche, ajouter 1 c. à soupe d'eau. Cuire à intensité élevée de 1 ½ à 2 minutes ou jusqu'à ce que l'orzo soit tendre.

2. Ajouter le saumon, l'aneth et l'huile. Réchauffer à intensité élevée de 30 à 60 secondes. Incorporer le zeste et le jus de citron. Laisser reposer 1 minute, remuer et assaisonner au goût.

Variante

Orzo aux crevettes et à l'aneth : Remplacer le saumon par 50 g (⅓ de tasse) de petites crevettes en conserve, égouttées.

PRÉPARATION À L'AVANCE

Mesurer l'orzo dans la tasse ; couvrir et réserver à température ambiante. Mesurer le saumon, l'aneth et l'huile dans un petit contenant hermétique ; couvrir et réfrigérer. Mesurer le zeste et le jus de citron dans un petit contenant hermétique ; couvrir et réfrigérer jusqu'au moment de l'utilisation.

Pâtes au sésame

1 tasse de 500 ml (16 oz)

Ces pâtes sont si bonnes qu'elles procurent une satisfaction gustative instantanée. L'huile de sésame grillé et la sauce piquante leur donnent une signature unique.

Trucs

● Si vous utilisez de longs spaghettis, coupez-les en morceaux de 2,5 cm à 4 cm (1 po à 1 ½ po) pour obtenir un meilleur résultat. ● Ajoutez 2 c. à soupe d'oignons verts hachés en même temps que la sauce soja. ● Saupoudrez les pâtes cuites avec 1 c. à café (à thé) de graines de sésame grillées pour rehausser leur goût. ● Si vous aimez la saveur piquante, ajoutez ¼ de c. à café (à thé) de gingembre moulu en même temps que la poudre d'ail.

50 g	coquillettes ou spaghettis en morceaux (*voir* Trucs)	½ tasse
1	pincée de sel	1
160 ml	eau	⅔ de tasse
1 ½ c. à café	sucre granulé	1 ½ c. à thé
¼ de c. à café	poudre d'ail	¼ de c. à thé
1 c. à soupe	sauce soja	1 c. à soupe
1 ½ c. à café	huile de sésame grillé	1 ½ c. à thé
1 c. à café	vinaigre blanc ou vinaigre de cidre	1 c. à thé
⅛ de c. à café	sauce piquante	⅛ de c. à thé

1. Mélanger les pâtes, le sel et l'eau dans la tasse. Mettre la tasse au micro-ondes sur du papier absorbant à double épaisseur. Cuire au micro-ondes, à intensité élevée, pendant 2 minutes. Remuer et cuire pendant 3 minutes. Si la préparation semble sèche, ajouter 1 c. à soupe d'eau. Cuire à intensité élevée de 1 ½ à 2 minutes ou jusqu'à ce que les pâtes soient tendres.

2. Incorporer le reste des ingrédients. Réchauffer à intensité élevée de 10 à 20 secondes. Laisser reposer 1 minute et remuer.

Variante

Pâtes au sésame sans gluten : Utiliser des spaghettis de quinoa cassés en morceaux de 2,5 cm (1 po) au lieu des pâtes de blé et réduire le temps de cuisson final de 30 secondes à l'étape 1. Employer de la sauce soja sans gluten.

PRÉPARATION À L'AVANCE

Mesurer les pâtes et le sel dans un petit contenant hermétique ; couvrir et réserver à température ambiante. Mesurer le reste des ingrédients dans un petit contenant hermétique ; couvrir et réfrigérer jusqu'au moment de l'utilisation.

Riz brun aux edamames et à l'ananas

Ce plat principal aux parfums tropicaux a une belle consistance grâce à l'ajout d'edamames et de noix de cajou. Servez-le avec des oignons verts en tranches, de la coriandre ou de la menthe fraîche hachée.

Trucs
● Vous pouvez employer 140 g ($\frac{2}{3}$ de tasse) de céréale cuite (riz brun, quinoa, orge ou boulgour) au lieu du riz brun instantané. À l'étape 1, faites cuire les edamames dans l'eau de 5 à 6 minutes ou jusqu'à ce qu'ils soient bien chauds. Égouttez. Ajoutez l'ananas et la sauce teriyaki à l'étape 2 et augmentez le temps de cuisson de 45 à 60 secondes. ● Vous pouvez prendre des arachides ou des amandes grillées et hachées au lieu des noix de cajou.

50 g	riz brun instantané	½ tasse
160 ml	eau	$\frac{2}{3}$ de tasse
55 g	edamames écossés surgelés	$\frac{1}{3}$ de tasse
40 g	ananas frais ou en conserve, égoutté et coupé en dés	¼ de tasse
1 c. à soupe	sauce teriyaki	1 c. à soupe
	Sauce piquante	
2 c. à soupe	noix de cajou hachées	2 c. à soupe

1. Mélanger le riz et l'eau dans la tasse. Ajouter les edamames. Couvrir la tasse avec une soucoupe. Cuire au micro-ondes, à intensité élevée, de 5 à 6 minutes ou jusqu'à ce que l'eau soit presque complètement absorbée. Sortir la tasse du four et laisser reposer à couvert pendant 1 minute ou jusqu'à ce que le reste de l'eau soit évaporé.

2. Ajouter l'ananas et la sauce teriyaki. Réchauffer à découvert, à intensité élevée, de 30 à 45 secondes. Laisser reposer 30 secondes. Remuer et ajouter de la sauce piquante au goût. Ajouter les noix et les accompagnements choisis.

PRÉPARATION À L'AVANCE

Mesurer le riz et les edamames dans la tasse ; couvrir et réfrigérer. Mesurer l'ananas et la sauce teriyaki dans un petit contenant hermétique ; couvrir et réfrigérer. Mesurer les noix dans un petit contenant hermétique ; couvrir et réserver à température ambiante jusqu'au moment de l'utilisation.

Paella aux crevettes

Cette version inspirée d'un grand classique de la cuisine espagnole peut être servie en quelques minutes seulement.

1 tasse de 500 ml (16 oz)

Trucs ● Vous pouvez employer 140 g (⅔ de tasse) de céréale cuite (riz brun, quinoa, orge ou boulgour) au lieu du riz brun instantané. À l'étape 1, réchauffez le mélange de poivrons et d'oignons de 1 ½ à 2 minutes. Ajoutez les pois et réchauffez de 20 à 30 secondes. Jetez le surplus de liquide. Ajoutez le riz et les crevettes et augmentez le temps de cuisson de 30 à 45 secondes à l'étape 2. ● Ajoutez ⅛ de c. à café (à thé) d'origan séché ou ¼ de c. à café (à thé) de paprika fumé en même temps que la sauce marinara. ● Si vous avez du mal à vous procurer un sac de poivrons et d'oignons surgelés, utilisez plutôt 55 g (⅓ de tasse) d'un mélange de poivrons et d'oignons frais hachés.

50 g	riz brun instantané	½ tasse
160 ml	eau	⅔ de tasse
55 g	poivrons et oignons surgelés, hachés	⅓ de tasse
2 c. à soupe	petits pois surgelés	2 c. à soupe
35 g	crevettes miniatures en conserve, égouttées	¼ de tasse
2 c. à soupe	jambon haché ou en dés	2 c. à soupe
2 c. à soupe	sauce marinara	2 c. à soupe
	Sel et poivre du moulin	
	Persil frais haché (facultatif)	

1. Mélanger le riz et l'eau dans la tasse. Ajouter le mélange de poivrons et d'oignons et les petits pois. Couvrir avec une soucoupe et cuire au micro-ondes, à intensité élevée, de 5 à 6 minutes ou jusqu'à ce que le riz soit tendre. Retirer du four et laisser reposer à couvert pendant 1 minute.

2. Ajouter les crevettes, le jambon et la sauce marinara. Réchauffer à intensité élevée de 45 à 60 secondes. Laisser reposer 30 secondes et remuer. Assaisonner et garnir de persil au goût.

PRÉPARATION À L'AVANCE

Mesurer le riz dans la tasse ; couvrir et réserver à température ambiante. Mesurer le mélange de poivrons et d'oignons dans un petit contenant hermétique ; couvrir et réfrigérer. Mesurer les petits pois dans un petit contenant hermétique ; couvrir et réfrigérer. Mesurer les crevettes, le jambon et la sauce marinara dans un petit contenant hermétique ; couvrir et réfrigérer jusqu'au moment de l'utilisation.

Taboulé

Quand on pense fraîcheur, on pense taboulé ! Qui peut se lasser d'un mélange si judicieusement parfumé de menthe, de persil, de zeste et de jus de citron ?

Trucs ● Utilisez du boulgour à cuisson rapide pour cette recette. Il est plus fin, donc plus facile à cuire. ● Vous pouvez omettre la menthe et doubler la quantité de persil ou, inversement, omettre le persil et doubler la menthe.

125 ml	eau	½ tasse
50 g	boulgour non cuit	¼ de tasse
¼ de c. à café	sel	¼ de c. à thé
125 g	tomates hachées ou en dés	½ tasse
¼ de c. à café	cumin moulu	¼ de c. à thé
1 c. à soupe	huile d'olive	1 c. à soupe
½ c. à café	zeste de citron râpé finement	½ c. à thé
1 c. à soupe	jus de citron frais	1 c. à soupe
1 c. à soupe	persil frais haché	1 c. à soupe
1 c. à soupe	menthe fraîche hachée	1 c. à soupe
	Sel et poivre du moulin	

1. Verser l'eau dans la tasse. Faire bouillir au micro-ondes, à intensité élevée, de 2 à 3 minutes.

2. Ajouter le boulgour et le sel. Couvrir la tasse avec une soucoupe. Cuire à intensité élevée de 5 à 6 minutes ou jusqu'à ce que le liquide soit presque complètement absorbé. Retirer du four et laisser reposer à couvert pendant 20 minutes ou jusqu'à ce que l'eau soit complètement absorbée.

3. Ajouter les tomates, le cumin, l'huile, le zeste et le jus de citron. Réfrigérer au moins 5 minutes. Incorporer le persil et la menthe, puis assaisonner au goût.

Variante

Taboulé épicé aux raisins secs : Omettre les tomates et ajouter 1 ½ c. à soupe de raisins secs en même temps que le boulgour. Ajouter ⅛ de c. à café (à thé) de cannelle moulue avec le cumin.

Quinoa aux asperges

Le quinoa est l'un des aliments les plus nutritifs qui soient. Sans gluten, bien pourvu en protéines et doté d'un indice glycémique peu élevé, il est savoureux et énergisant lorsqu'on le sert avec de la féta, des asperges et des noix.

1 tasse de 500 ml (16 oz)

Trucs ● Cette recette peut aussi être faite avec des asperges surgelées en morceaux. ● Le bouillon peut être remplacé par 160 ml (2/3 de tasse) d'eau contenant 1/8 de c. à café (à thé) de sel. ● Congelez le reste des pois chiches dans un petit sac de congélation hermétique ou encore en portions de 100 g (½ tasse) en prenant soin d'y inscrire le contenu et la date. Ils se conserveront ainsi pendant 3 mois. Laissez-les décongeler au micro-ondes ou au réfrigérateur avant usage.

60 g	quinoa, rincé	1/3 de tasse
160 ml	bouillon de poulet ou de légumes	2/3 de tasse
80 g	asperges hachées	½ tasse
100 g	pois chiches en conserve, rincés et égouttés	½ tasse
2 c. à soupe	féta émiettée	2 c. à soupe
1 c. à soupe	amandes rôties, hachées grossièrement	1 c. à soupe
1 c. à soupe	persil	1 c. à soupe
1 c. à soupe	huile d'olive	1 c. à soupe
1 c. à soupe	vinaigre de vin blanc	1 c. à soupe
	Sel et poivre du moulin	

1. Mettre le quinoa et le bouillon dans la tasse. Cuire au micro-ondes, à intensité élevée, pendant 5 minutes. Remuer et cuire 2 minutes de plus.

2. Ajouter les asperges. Couvrir la tasse avec une soucoupe. Cuire à intensité élevée de 2 à 3 minutes ou jusqu'à ce que l'eau soit presque complètement absorbée.

3. Ajouter les pois chiches, la féta, les amandes, le persil, l'huile et le vinaigre. Laisser reposer à couvert pendant 1 minute et assaisonner au goût.

PRÉPARATION À L'AVANCE

Mesurer le quinoa et le bouillon dans la tasse ; couvrir et réfrigérer. Mesurer les asperges dans un petit contenant hermétique ; couvrir et réfrigérer. Mesurer les pois chiches, la féta, les amandes, le persil, l'huile et le vinaigre dans un petit contenant hermétique ; couvrir et réfrigérer jusqu'au moment de l'utilisation.

Taco au quinoa et aux haricots noirs

1 tasse de 500 ml (16 oz)

Le quinoa se prête à mille et un usages. Dans cette recette, il est particulièrement délicieux avec les haricots noirs, le poulet, la salsa et le fromage.

Trucs ● Vous pouvez prendre des haricots pinto au lieu des haricots noirs. ● Le queso blanco remplace magnifiquement le cheddar ou le monterey jack dans cette recette. ● Congelez le reste des haricots noirs dans un petit sac de congélation hermétique ou en portions de 100 g (½ tasse) en prenant soin d'y inscrire le contenu et la date. Ils se conserveront ainsi pendant 3 mois. Laissez-les décongeler au micro-ondes ou au réfrigérateur avant usage.

60 g	quinoa, rincé	⅓ de tasse
¼ de c. à café	cumin moulu	¼ de c. à thé
160 ml	bouillon de poulet ou de légumes	⅔ de tasse
100 g	haricots noirs en conserve, rincés et égouttés	½ tasse
50 g	poitrine de poulet (blanc de volaille), cuite et coupée en dés	⅓ de tasse
3 c. à soupe	salsa	3 c. à soupe
2 c. à soupe	cheddar ou monterey jack râpé	2 c. à soupe
1 c. à soupe	oignons verts ou coriandre fraîche hachée	1 c. à soupe

1. Mélanger le quinoa, le cumin et le bouillon dans la tasse. Cuire au micro-ondes, à intensité élevée, pendant 5 minutes. Remuer et cuire 2 minutes de plus. Couvrir la tasse avec une soucoupe. Cuire au micro-ondes, à intensité élevée, de 2 à 3 minutes ou jusqu'à ce que l'eau soit presque complètement absorbée.

2. Ajouter les haricots noirs, le poulet et 2 c. à soupe de salsa. Couvrir et réchauffer à intensité élevée de 30 à 60 secondes. Laisser reposer à couvert pendant 1 minute. Garnir de fromage, d'oignons verts et du reste de la salsa. Servir avec des chips tortillas ou une tortilla chaude.

PRÉPARATION À L'AVANCE

Mesurer le quinoa, le cumin et le bouillon dans la tasse ; couvrir et réfrigérer. Mesurer les haricots noirs, le poulet et 2 c. à soupe de salsa dans un petit contenant hermétique ; couvrir et réfrigérer. Mesurer le fromage et les oignons verts dans un petit contenant hermétique ; couvrir et réfrigérer. Mesurer le reste de la salsa dans un petit contenant hermétique ; couvrir et réfrigérer jusqu'au moment de l'utilisation.

Goûters

Mélange au chocolat du randonneur

Ce goûter vous procurera rapidement de l'énergie en plus de combler votre goût pour les ingrédients sucrés.

Trucs ● On peut remplacer le beurre par 2 c. à soupe d'huile de noix de coco ou d'huile végétale. ● La noix de coco peut être sucrée ou non, au goût.

1	petite assiette tapissée de papier ciré, de papier paraffiné ou de papier-parchemin	1
2 c. à soupe	grains de chocolat semi-sucré	2 c. à soupe
½ c. à café	beurre	½ c. à thé
30 g	noix variées, crues ou grillées, hachées grossièrement	¼ de tasse
2 c. à soupe	graines de tournesol crues ou grillées	2 c. à soupe
2 c. à soupe	fruits séchés hachés (abricots, canneberges, airelles ou raisins)	2 c. à soupe
1 c. à soupe	noix de coco râpée ou en flocons	1 c. à soupe

1. Mettre le chocolat et le beurre dans la tasse. Cuire au micro-ondes, à intensité élevée, pendant 30 secondes. Remuer, cuire pendant 10 secondes et remuer. Continuer ainsi, à intervalles de 10 secondes, jusqu'à ce que le chocolat soit fondu.

2. Incorporer le reste des ingrédients en mélangeant avec soin. Verser dans l'assiette et étaler délicatement avec le dos d'une cuillère. Congeler de 10 à 15 minutes ou jusqu'à ce que la préparation soit prise. Casser la plaque en petites bouchées.

Variantes

Mélange au chocolat blanc du randonneur : Remplacer le chocolat semi-sucré par des grains de chocolat blanc.

Barre aux arachides et au caramel écossais : Remplacer le chocolat semi-sucré par des grains de caramel écossais à cuire. Incorporer 2 c. à café (à thé) de beurre d'arachide crémeux dès que les grains sont fondus.

PRÉPARATION À L'AVANCE

Mesurer le chocolat et le beurre dans la tasse ; couvrir et réfrigérer. Mesurer le reste des ingrédients dans un petit contenant hermétique ; couvrir et réserver à température ambiante jusqu'au moment de l'utilisation.

Pois chiches croustillants au cumin

1 tasse de 375 à 500 ml (12 à 16 oz)

Attention : ce goûter peut créer une joyeuse dépendance ! Il est composé uniquement de bons ingrédients.

Trucs

● Essayez aussi cette recette avec une épice ou une herbe au choix au lieu du cumin : poudre de cari, assaisonnement à l'italienne, poudre d'ail, aneth, origan, etc. ● Congelez le reste des pois chiches dans un petit sac de congélation hermétique ou encore en portions de 100 g (½ tasse) en prenant soin d'y inscrire le contenu et la date. Ils se conserveront ainsi pendant 3 mois. Laissez-les décongeler au micro-ondes ou au réfrigérateur avant usage.

1	assiette tapissée de papier absorbant	1
100 g	pois chiches en conserve, rincés et égouttés	½ tasse
⅛ de c. à café	cumin moulu	⅛ de c. à thé
1	pincée de sel	1
1 ½ c. à café	huile végétale (olive ou autre)	1 ½ c. à thé
⅛ de c. à café	sauce piquante	⅛ de c. à thé

1. Mélanger tous les ingrédients dans la tasse.

2. Cuire au micro-ondes, à intensité élevée, pendant 60 secondes. Remuer et cuire de 2 à 3 minutes, en remuant toutes les 30 secondes, jusqu'à ce que les pois chiches aient légèrement diminué de volume et semblent secs. Étaler dans l'assiette et laisser refroidir complètement.

Variante

Pois chiches au sucre et à la cannelle : Omettre le cumin, le sel et la sauce piquante. Dès que les pois chiches sont cuits, les mélanger avec 2 c. à café (à thé) de sucre et ¼ de c. à café (à thé) de cannelle moulue.

PRÉPARATION À L'AVANCE

Mesurer tous les ingrédients dans la tasse ; couvrir et réfrigérer jusqu'au moment de l'utilisation.

Edamames au sésame et à la sauce soja

Dites adieu aux chips et aux friandises grâce à ce goûter santé riche en protéines qui vous procurera de l'énergie tout en vous rassasiant pendant des heures.

Truc ●

On peut trouver des graines de sésame grillées dans la plupart des supermarchés et des magasins d'alimentation naturelle.

80 g	edamames écossés surgelés	½ tasse
125 ml	eau	½ tasse
2 c. à café	sauce soja	2 c. à thé
½ c. à café	huile de sésame grillé	½ c. à thé
½ c. à café	graines de sésame grillées (facultatif)	½ c. à thé

1. Mettre les edamames et l'eau dans la tasse. Cuire au micro-ondes, à intensité élevée, de 3 à 4 minutes (vérifier après 3 minutes, puis toutes les 15 secondes) ou jusqu'à ce que les edamames soient tendres mais encore un peu croquants. Égoutter et éponger avec du papier absorbant, puis remettre dans la tasse.

2. Ajouter la sauce soja et l'huile. Remuer et saupoudrer de graines de sésame.

PRÉPARATION À L'AVANCE

Mélanger les edamames dans la tasse; couvrir et réfrigérer. Mesurer la sauce soja et l'huile de sésame dans un petit contenant hermétique; couvrir et réfrigérer. Mesurer les graines de sésame dans un petit contenant hermétique; couvrir et réfrigérer jusqu'au moment de l'utilisation.

Noix sucrées et épicées

1 tasse de 375 à 500 ml (12 à 16 oz)

Cette recette est tellement meilleure que les friandises extrêmement salées ou sucrées vendues dans le commerce. Son goût légèrement sucré et épicé vous comblera et vous énergisera de façon agréable.

Truc ●

Pour varier, remplacez les noix par des graines de tournesol et de citrouille grillées.

1	assiette en aluminium (vaporiser l'intérieur d'enduit à cuisson antiadhésif)	1
1 c. à soupe	cassonade ou sucre roux	1 c. à soupe
⅛ de c. à café	épices pour tarte à la citrouille	⅛ de c. à thé
½ c. à café	eau	½ c. à thé
40 g	noix mélangées, rôties et salées	⅓ de tasse

1. Mélanger la cassonade, les épices et l'eau dans la tasse. Ajouter les noix et bien les enrober.

2. Mettre au micro-ondes, à intensité élevée, pendant 45 secondes. Remuer et cuire de 1 à 2 minutes (vérifier après 1 minute, puis toutes les 10 secondes) ou jusqu'à ce que le sirop commence à durcir. Étaler les noix dans l'assiette en aluminium en prenant soin de les séparer à l'aide d'une fourchette. Laisser refroidir complètement.

Variante

Noix sucrées à la cannelle : Remplacer la cassonade par du sucre granulé et les épices pour tarte à la citrouille par de la cannelle moulue.

PRÉPARATION À L'AVANCE

Mélanger la cassonade, les épices et l'eau dans la tasse ; couvrir et réserver à température ambiante. Mesurer les noix dans un petit contenant hermétique ; couvrir et réserver à température ambiante jusqu'au moment de l'utilisation.

Caviar végétarien

1 tasse de 375 à 500 ml (12 à 16 oz)

En 1940, la célèbre chef texane Helen Corbitt a créé une délicieuse salade de doliques à œil noir encore appréciée de nos jours, surtout avec des chips tortillas. La recette originale requiert de laisser mariner les ingrédients pendant plusieurs heures, mais grâce au micro-ondes nous pouvons concocter le tout en quelques minutes seulement.

Trucs ● Cette salade fait aussi une excellente garniture pour pitas, burritos, omelettes et tant d'autres choses. Laissez aller votre imagination ! ● Congelez le reste des doliques à œil noir dans un petit sac de congélation hermétique ou encore en portions de 100 g (½ tasse) en prenant soin d'y inscrire le contenu et la date. Ils se conserveront ainsi pendant 3 mois. Laissez-les décongeler au micro-ondes ou au réfrigérateur avant usage.

1 c. à café	sucre granulé	1 c. à thé
½ c. à café	assaisonnement au chili	½ c. à thé
¼ de c. à café	poudre d'ail	¼ de c. à thé
1 c. à soupe	huile d'olive extra-vierge	1 c. à soupe
1 c. à soupe	jus de lime (citron vert) frais	1 c. à soupe
100 g	doliques à œil noir en conserve, rincés et égouttés	½ tasse
2 c. à soupe	poivrons rouges rôtis en pot, égouttés et hachés	2 c. à soupe
1 c. à soupe	oignons verts hachés	1 c. à soupe
1 c. à soupe	coriandre fraîche hachée finement	1 c. à soupe
	Sel et poivre du moulin	
	Chips tortillas ou chips de pain pita	

1. Mélanger le sucre, l'assaisonnement au chili, la poudre d'ail, l'huile et le jus de lime dans la tasse. Réchauffer au micro-ondes, à intensité élevée, de 35 à 45 secondes.

2. Ajouter les doliques à œil noir et les poivrons. Réfrigérer pendant 15 minutes. Incorporer les oignons verts et la coriandre.

3. Assaisonner au goût et servir avec les chips.

PRÉPARATION À L'AVANCE

Faire les étapes 1 et 2 ; couvrir et réfrigérer. Mesurer les chips dans un petit contenant hermétique ; couvrir et réserver à température ambiante jusqu'au moment de l'utilisation.

Tartinade chaude de thon et de haricots blancs

Cette tartinade évoque le bon goût de la fameuse recette italienne de vitello tonnato. Elle est délicieuse en sandwich. À servir avec des craquelins ; des bâtonnets ou des rondelles de légumes crus (carotte, céleri, concombre, courgette).

Trucs ●

Vous pouvez aussi employer du thon conservé dans l'huile pour faire cette tartinade. Au moment de l'égoutter, réservez 1 c. à soupe de l'huile pour remplacer l'huile d'olive de la recette. ● Congelez le reste des haricots blancs dans un petit sac de congélation hermétique ou encore en portions de 50 g (¼ de tasse) en prenant soin d'y inscrire le contenu et la date. Ils se conserveront ainsi pendant 3 mois. Laissez-les décongeler au micro-ondes ou au réfrigérateur avant usage

50 g	haricots blancs en conserve, rincés et égouttés	¼ de tasse
70 g	thon en conserve (dans l'eau), égoutté et effeuillé	2 ½ oz
1 c. à soupe	huile d'olive	1 c. à soupe
2 c. à café	jus de citron	2 c. à thé
1 c. à café	câpres égouttées et hachées grossièrement	1 c. à thé
⅛ de c. à café	poudre d'ail	⅛ de c. à thé
	Sel et poivre du moulin	
	Persil frais haché (facultatif)	

1. À l'aide d'une fourchette, écraser les haricots blancs dans la tasse. Ajouter le thon, l'huile, le jus de citron, les câpres et la poudre d'ail en les pilant tout en les mélangeant. Assaisonner au goût.

2. Réchauffer au micro-ondes, à intensité élevée, de 25 à 30 secondes. Garnir de persil et servir avec les accompagnements choisis.

PRÉPARATION À L'AVANCE

Faire l'étape 1 ; couvrir et réfrigérer jusqu'au moment de l'utilisation.

Grignotines au parmesan et au poivre

1 tasse de 500 ml (16 oz)

Ce goûter croustillant fera votre bonheur au milieu de l'après-midi ou de la soirée. Il renferme beaucoup de saveur grâce au parmesan et à la sauce Worcestershire.

Truc ● Les grignotines refroidiront en 5 à 10 minutes si vous les étalez dans une grande assiette.

1 ½ c. à soupe	beurre	1 ½ c. à soupe
½ c. à café	sauce Worcestershire ou sauce soja	½ c. à thé
⅛ de c. à café	poivre du moulin	⅛ de c. à thé
⅛ de c. à café	poudre d'ail	⅛ de c. à thé
35 g	céréales carrées de riz, de blé ou de maïs	⅔ de tasse
15 g	bâtonnets de bretzels, en petits morceaux	⅓ de tasse
2 c. à soupe	arachides grillées et salées	2 c. à soupe
1 c. à soupe	parmesan râpé	1 c. à soupe

1. Mettre le beurre, la sauce, le poivre et la poudre d'ail dans la tasse. Réchauffer au micro-ondes, à intensité élevée, de 25 à 35 secondes ou jusqu'à ce que le beurre soit fondu.

2. Ajouter le reste des ingrédients et bien remuer. Cuire à intensité élevée de 1 ½ à 2 minutes, en remuant toutes les 30 secondes, jusqu'à ce que la préparation commence à griller. Laisser refroidir complètement dans la tasse.

PRÉPARATION À L'AVANCE

Mesurer le beurre, la sauce, le poivre et la poudre d'ail dans la tasse ; couvrir et réfrigérer. Mesurer le reste des ingrédients dans un petit contenant hermétique ; couvrir et réserver à température ambiante jusqu'au moment de l'utilisation.

Barre de granola
aux canneberges

1 tasse de 375 à 500 ml (12 à 16 oz)

(vaporiser l'intérieur d'enduit à cuisson antiadhésif)

Laissez aller votre imagination pour varier cette recette à l'infini en y ajoutant différents ingrédients : épices, fruits séchés, arômes, etc.

Trucs

● On peut remplacer la cassonade par du sucre. ● Pour faire changement, remplacez le beurre par la même quantité d'huile de noix de coco. ● Il est important de prendre du riz croustillant et non du riz gonflé pour cette recette.

1	morceau de papier ciré, de papier sulfurisé ou de papier-parchemin	1
2 c. à café	cassonade ou sucre roux	2 c. à thé
2 c. à café	beurre	2 c. à thé
2 c. à café	miel ou sirop d'érable	2 c. à thé
25 g	flocons d'avoine à cuisson rapide	¼ de tasse
2 c. à soupe	riz croustillant (céréales du commerce)	2 c. à soupe
1 c. à soupe	canneberges (airelles) séchées	1 c. à soupe
1	pincée de sel	1
⅛ de c. à café	extrait de vanille	⅛ de c. à thé

1. Mélanger la cassonade, le beurre et le miel dans la tasse. Réchauffer au micro-ondes, à intensité élevée, de 45 à 60 secondes ou jusqu'à ce que la préparation soit bouillonnante. Bien mélanger.

2. Ajouter le reste des ingrédients et mélanger avec soin. Verser sur le morceau de papier. Couvrir avec le papier et presser

Variantes

Barre de granola aux canneberges sans gluten : Utiliser du riz croustillant et des flocons d'avoine certifiés sans gluten.

Barre de granola aux raisins secs et à la cannelle : Remplacer les canneberges par des raisins secs et ajouter ⅛ de c. à café (à thé) de cannelle moulue en même temps que le sel.

Desserts

Biscuit au sucre

Il suffit de quelques ingrédients que vous avez toujours dans votre cuisine pour concocter cette recette d'une simplicité absolue. Dégustez ce biscuit avec un grand verre de lait.

1 tasse de 375 à 500 ml (12 à 16 oz)

Trucs ● Pour obtenir un bon résultat, il ne faut surtout pas remplacer le jaune d'œuf par un œuf entier ou du blanc d'œuf. ● Le blanc d'œuf se conserve dans un contenant hermétique pendant 2 jours au réfrigérateur ou 2 mois au congélateur. On doit le laisser décongeler au réfrigérateur avant usage.

1 c. à soupe	beurre	1 c. à soupe
1	gros jaune d'œuf	1
2 c. à soupe	sucre granulé	2 c. à soupe
¼ de c. à café	extrait de vanille	¼ de c. à thé
3 c. à soupe	farine tout usage (type 55)	3 c. à soupe
⅛ de c. à café	sel	⅛ de c. à thé
	Sucre granulé ou coloré	

1. Au micro-ondes, à intensité élevée, faire fondre le beurre dans la tasse de 15 à 30 secondes. À l'aide d'une fourchette, incorporer le jaune d'œuf, le sucre et la vanille. Sans cesser de battre, ajouter la farine et le sel en mélangeant avec soin. Lisser le dessus avec le bout des doigts ou le dos d'une cuillère. Saupoudrer de sucre additionnel, si désiré.

2. Cuire à intensité élevée de 40 à 60 secondes (vérifier après 40 secondes) ou jusqu'à ce que le centre du biscuit soit pris légèrement. Laisser tiédir ou refroidir dans la tasse avant de servir tel quel.

Variantes

Biscuit au sucre sans gluten : Remplacer la farine par de la farine tout usage sans gluten.

Biscuit au citron : Remplacer la vanille par ½ c. à café (à thé) de zeste de citron râpé finement.

Biscuit à la cassonade : Remplacer le sucre par de la cassonade ou du sucre roux.

Biscuit au sucre et à la noix de coco : Remplacer le beurre par la même quantité d'huile de noix de coco vierge. Si désiré, ajouter 1 c. à soupe de noix de coco râpée ou en flocons, hachée finement, en même temps que la farine.

Biscuit sablé

Accompagnez ce biscuit d'une tasse de thé Earl Grey ou Darjeeling. Une belle façon de savourer la pause d'après-midi.

1 tasse de 375 à 500 ml (12 à 16 oz)

Truc ● Ne réduisez pas la quantité de sucre, car il aide à préserver la tendreté du biscuit.

3 c. à soupe	beurre	3 c. à soupe
50 g	farine tout usage (type 55)	⅓ de tasse
3 c. à soupe	sucre granulé	3 c. à soupe
⅛ de c. à café	sel	⅛ de c. à thé

1. Au micro-ondes, à intensité élevée, faire fondre le beurre dans la tasse de 15 à 30 secondes. Ajouter le reste des ingrédients et bien mélanger. Presser la préparation au fond de la tasse et lisser le dessus.

2. Cuire à intensité élevée de 45 à 60 secondes ou jusqu'à ce que le centre du biscuit soit pris légèrement. Laisser refroidir complètement dans la tasse avant de servir.

Variantes

Biscuit sablé à la cassonade : Remplacer le sucre granulé par de la cassonade ou du sucre roux.

Biscuit sablé au citron et au romarin : Ajouter ½ c. à café (à thé) de zeste de citron râpé finement et une pincée de romarin séché émietté en même temps que la farine.

Biscuit sablé sans gluten : Remplacer la farine par de la farine tout usage sans gluten.

PRÉPARATION À L'AVANCE

Mesurer le beurre dans la tasse ; couvrir et réfrigérer. Mesurer le reste des ingrédients dans un petit contenant hermétique ; couvrir et réserver à température ambiante jusqu'au moment de l'utilisation.

Biscuit au beurre d'arachide

Optez pour cette recette lorsque vous avez envie d'un bon biscuit qui vous replongera instantanément dans l'univers de votre enfance.

Trucs ● Pour ajoutez une touche tropicale à la recette, utilisez 1 c. à soupe d'huile de noix de coco au lieu du beurre. ● Pour obtenir un bon résultat, il ne faut surtout pas remplacer le jaune d'œuf par un œuf entier ou du blanc d'œuf. ● Pour varier, faites cette recette avec un autre beurre de noix ou de graines (amande, noix de cajou, graines de tournesol, etc.).

1 c. à soupe	beurre	1 c. à soupe
1 c. à soupe	beurre d'arachide crémeux	1 c. à soupe
1	gros jaune d'œuf	1
2 c. à soupe	cassonade ou sucre roux	2 c. à soupe
¼ de c. à café	extrait de vanille	¼ de c. à thé
3 c. à soupe	farine tout usage (type 55)	3 c. à soupe
⅛ de c. à café	sel	⅛ de c. à thé

1. Au micro-ondes, à intensité élevée, faire fondre le beurre et le beurre d'arachide dans la tasse de 20 à 30 secondes. À l'aide d'une fourchette, ajouter le jaune d'œuf, la cassonade et la vanille. Sans cesser de battre, incorporer le reste des ingrédients avec soin. Lisser le dessus avec le bout des doigts ou le dos d'une cuillère.

2. Cuire à intensité élevée de 35 à 45 secondes (vérifier après 35 secondes) ou jusqu'à ce que le centre du biscuit soit pris légèrement. Laisser tiédir ou refroidir dans la tasse avant de servir tel quel.

Variante

Biscuit au beurre d'arachide sans gluten : Remplacer la farine par de la farine tout usage sans gluten.

PRÉPARATION À L'AVANCE

Mesurer le beurre et le beurre d'arachide dans la tasse ; couvrir et réfrigérer. Battre le jaune d'œuf dans un petit contenant hermétique ; couvrir et réfrigérer. Mesurer la cassonade et la vanille dans un petit contenant hermétique ; couvrir et réserver à température ambiante. Mesurer la farine et le sel dans un petit contenant hermétique ; couvrir et réserver à température ambiante jusqu'au moment de l'utilisation.

Biscuit au chocolat
et au caramel écossais

*Les amateurs de caramel écossais ne pourront pas
résister à la tentation. Un régal que l'on savoure
avec dévotion !*

Truc ● Pour obtenir un bon résultat, il ne faut surtout pas remplacer le jaune
d'œuf par un œuf entier ou du blanc d'œuf.

1 c. à soupe	beurre	1 c. à soupe
1	gros jaune d'œuf	1
2 c. à soupe	cassonade ou sucre roux	2 c. à soupe
¼ de c. à café	extrait de vanille	¼ de c. à thé
3 ½ c. à soupe	farine tout usage (type 55)	3 ½ c. à soupe
2 c. à soupe	grains de chocolat semi-sucré	2 c. à soupe
⅛ de c. à café	sel	⅛ de c. à thé

1. Au micro-ondes, à intensité élevée, faire fondre le beurre dans la tasse de 15 à
30 secondes. Ajouter le jaune d'œuf, la cassonade et la vanille et battre à l'aide d'une
fourchette. Incorporer le reste des ingrédients en battant avec soin. Lisser le dessus
avec le bout des doigts ou le dos d'une cuillère.

2. Cuire au micro-ondes, à intensité élevée, de 40 à 60 secondes (vérifier après 40 secondes) ou jusqu'à ce que le centre du biscuit soit pris légèrement. Laisser tiédir ou
refroidir dans la tasse avant de servir tel quel.

Variantes

Biscuit sans gluten au chocolat et au caramel écossais : Remplacer la farine par de la
farine tout usage sans gluten. S'assurer que le chocolat est exempt de gluten.

Biscuit au caramel anglais : Remplacer les grains de chocolat par un morceau de
caramel anglais recouvert de chocolat, haché finement.

PRÉPARATION À L'AVANCE

Mesurer le beurre dans la tasse ; couvrir et réfrigérer. Battre le jaune d'œuf dans un petit
contenant hermétique ; couvrir et réfrigérer. Mesurer la cassonade et la vanille dans
un petit contenant hermétique ; couvrir et réserver à température ambiante. Mesurer
le reste des ingrédients dans un petit contenant hermétique ; couvrir et réserver à
température ambiante jusqu'au moment de l'utilisation.

Biscuit à la noix de coco

Ce biscuit est composé de plusieurs couches d'ingrédients irrésistibles : biscuits Graham, chocolat, noix de coco et noix. Inutile de dire qu'il disparaîtra comme par enchantement !

Truc ● Pour réduire les biscuits Graham en fines miettes, brisez-les en morceaux et mettez-les dans un petit sac de congélation en plastique scellé. Broyez-les ensuite à l'aide d'un rouleau à pâtisserie ou d'un objet lourd.

1 c. à soupe	beurre	1 c. à soupe
2 biscuits	Graham carrés, broyés (environ 20 g / ¼ de tasse de chapelure)	2 biscuits
60 g	grains de chocolat semi-sucré	⅓ de tasse
2 c. à soupe	noix de coco sucrée râpée ou en flocons	2 c. à soupe
2 c. à soupe	noix hachées (ex. : pacanes, noix ou arachides)	2 c. à soupe
60 ml	lait concentré sucré (non évaporé)	¼ de tasse

1. Au micro-ondes, à intensité élevée, faire fondre le beurre dans la tasse de 15 à 30 secondes. Ajouter la chapelure de biscuits. Réserver la moitié de la préparation dans un petit bol.

2. Dans la tasse, ajouter la moitié du chocolat, de la noix de coco et des noix. Répéter les couches en commençant avec le reste de la chapelure. Verser le lait concentré sur le dessus.

3. Cuire au micro-ondes, à intensité élevée, de 60 à 75 secondes ou jusqu'à ce que le chocolat soit fondu. Réfrigérer de 10 à 15 minutes avant de servir.

Variantes

Biscuit au caramel écossais : Remplacer les grains de chocolat par des grains de caramel écossais à cuire.

Biscuit double chocolat : Utiliser des biscuits Graham enrobés de chocolat au lieu de biscuits Graham ordinaires.

Biscuit au chocolat blanc : Remplacer le chocolat semi-sucré par des grains de chocolat blanc.

PRÉPARATION À L'AVANCE

Faire les étapes 1 et 2 ; couvrir et réfrigérer jusqu'au moment de l'utilisation.

Gâteau à la vanille

Ce gâteau est très utile en tout temps, entre autres si vous avez un événement à célébrer à la dernière minute. Vous pouvez y ajouter épices, noix, glaçage et tout ce qui vous fait plaisir, mais il est très bon tel quel dans toute sa simplicité.

Trucs ● Pour mesurer l'œuf, battez 1 gros œuf au fouet dans un petit contenant hermétique, puis mettez-en 2 c. à soupe dans la tasse tel qu'indiqué. Couvrez et conservez le reste au réfrigérateur pas plus de 2 jours.

1 c. à soupe	beurre	1 c. à soupe
2 c. à soupe	sucre granulé	2 c. à soupe
2 c. à soupe	œuf battu	2 c. à soupe
1 c. à soupe	lait	1 c. à soupe
¼ de c. à café	extrait de vanille	¼ de c. à thé
3 c. à soupe	farine tout usage (type 55)	3 c. à soupe
⅛ de c. à café	levure chimique (poudre à pâte)	⅛ de c. à thé
⅛ de c. à café	sel	⅛ de c. à thé

1. Au micro-ondes, à intensité élevée, faire fondre le beurre dans la tasse pendant 30 secondes. Ajouter le sucre, l'œuf, le lait et la vanille et battre à l'aide d'une fourchette. Incorporer le reste des ingrédients en battant avec soin.

2. Cuire à intensité élevée de 75 à 90 secondes (vérifier après 75 secondes) ou jusqu'à ce que le centre du gâteau soit pris légèrement. Laisser tiédir ou refroidir dans la tasse. Servir tel quel ou dans une petite assiette.

Variantes

Gâteau à la vanille sans gluten : Remplacer la farine par de la farine tout usage sans gluten.

Gâteau à la noix de coco : Remplacer le beurre par la même quantité d'huile de noix de coco vierge. Si désiré, ajouter 1 c. à soupe de noix de coco râpée ou en flocons hachée finement dans la pâte.

Gâteau aux grains de chocolat : Remplacer le sucre par de la cassonade ou du sucre roux. Ajouter 1 ½ c. à soupe de grains de chocolat semi-sucré miniatures à la pâte.

Gâteau au caramel salé

Savourez ce gâteau avec un grand verre de lait tout en lisant un bon livre dans votre fauteuil préféré. N'oubliez pas les serviettes de table en papier, car le caramel est très coulant.

1 tasse de 375 à 500 ml (12 à 16 oz)

(vaporiser l'intérieur d'enduit à cuisson antiadhésif)

Trucs ●
Pour mesurer l'œuf, battez 1 gros œuf au fouet dans un petit contenant hermétique, puis mettez-en 2 c. à soupe dans la tasse tel qu'indiqué. Couvrez et conservez le reste au réfrigérateur pas plus de 2 jours. ● Vous pouvez remplacer 2 c. à soupe d'œuf battu par 1 petit œuf. ● Si désiré, utilisez du sel marin au lieu du sel fin.

1 c. à soupe	beurre	1 c. à soupe
1 c. à soupe	eau	1 c. à soupe
2 c. à soupe	cassonade foncée ou sucre roux	2 c. à soupe
1 c. à soupe	œuf battu	1 c. à soupe
¼ de c. à café	extrait de vanille	¼ de c. à thé
3 c. à soupe	farine tout usage (type 55)	3 c. à soupe
⅛ de c. à café	levure chimique (poudre à pâte)	⅛ de c. à thé
¼ de c. à café	sel	¼ de c. à thé
2	caramels mous ou bonbons au caramel recouverts de chocolats	2

1. Au micro-ondes, à intensité élevée, faire fondre le beurre avec l'eau dans la tasse pendant 30 secondes. Laisser reposer pendant 1 minute.

2. À l'aide d'une fourchette, incorporer la cassonade, l'œuf et la vanille. Sans cesser de battre, ajouter la farine, la levure chimique et le sel. Cuire à intensité élevée pendant 45 secondes.

3. Mettre les bonbons au centre de la tasse et les pousser dans la préparation. Cuire à intensité élevée de 45 à 60 secondes ou jusqu'à ce que le gâteau soit gonflé et ferme au toucher. Laisser tiédir ou refroidir dans la tasse avant de servir tel quel.

Variante

Gâteau au caramel salé sans gluten : Remplacer la farine par de la farine tout usage sans gluten. S'assurer que la levure chimique et les caramels sont exempts de gluten.

PRÉPARATION À L'AVANCE

Mesurer l'eau et le beurre dans la tasse ; couvrir et réfrigérer. Mesurer la cassonade, l'œuf et la vanille dans un petit contenant hermétique ; couvrir et réfrigérer. Mesurer la farine, la levure chimique et le sel dans un petit contenant hermétique ; couvrir et réserver à température ambiante. Mettre les bonbons dans un petit contenant hermétique ; couvrir et réserver à température ambiante jusqu'au moment de l'utilisation.

Gâteau au citron

Peu d'ingrédients pour un maximum de saveur !
Que peut-on demander de mieux ?

1 tasse de 375 à 500 ml (12 à 16 oz)
(vaporiser l'intérieur d'enduit à cuisson antiadhésif)

Trucs ● En utilisant de l'huile végétale au lieu du beurre, on obtient un gâteau des plus moelleux. ● Le zeste de citron peut être remplacé par ⅛ de c. à café (à thé) d'extrait de citron.

Gâteau

3 c. à soupe	farine tout usage (type 55)	3 c. à soupe
¼ de c. à café	levure chimique (poudre à pâte)	¼ de c. à thé
⅛ de c. à café	sel	⅛ de c. à thé
1	gros œuf	1
3 c. à soupe	sucre granulé	3 c. à soupe
2 c. à soupe	huile végétale	2 c. à soupe
1 c. à café	zeste de citron râpé finement	1 c. à thé
1 ½ c. à soupe	jus de citron frais	1 ½ c. à soupe

Glaçage

40 g	sucre glace	⅓ de tasse
1 ½ c. à café	jus de citron frais	1 ½ c. à thé

1. Gâteau : Mélanger la farine, la levure chimique et le sel dans la tasse. Incorporer le reste des ingrédients à l'aide d'une fourchette en mélangeant avec soin.

2. Cuire au micro-ondes, à intensité élevée, de 1 ½ à 2 minutes (vérifier après 1 ½ minute) ou jusqu'à ce que le gâteau soit gonflé et que le centre soit pris légèrement. Laisser tiédir ou refroidir dans la tasse. Servir tel quel ou dans une petite assiette.

3. Glaçage : Dans un petit bol, à l'aide d'une fourchette, mélanger le sucre glace et le jus de citron jusqu'à consistance lisse. Verser sur le gâteau.

Variantes

Gâteau au citron sans gluten : Remplacer la farine par de la farine tout usage sans gluten. S'assurer que la levure chimique et le sucre glace sont exempts de gluten.

Gâteau au citron vert : Ajouter ¼ de c. à café (à thé) de gingembre moulu en même temps que la farine. Utiliser de la lime (citron vert) pour le zeste et le jus.

Gâteau à l'orange : Utiliser de l'orange pour le zeste et le jus.

Gâteau aux bananes et au caramel anglais

Ce dessert nous fait succomber à la tentation dès la première bouchée, car tous ses ingrédients ont de quoi nous mettre l'eau à la bouche.

Trucs

● Pour mesurer l'œuf, battez 1 gros œuf au fouet dans un petit contenant hermétique, puis mettez-en 2 c. à soupe dans la tasse tel qu'indiqué. Couvrez et conservez le reste au réfrigérateur pas plus de 2 jours. ● Pour faire vous-même vos épices pour tarte à la citrouille, mélangez $\frac{1}{8}$ de c. à café (à thé) de chacun : cannelle, gingembre et piment de la Jamaïque moulus et une toute petite pincée de clou de girofle moulu.

40 g	farine tout usage (type 55)	¼ de tasse
$\frac{1}{8}$ de c. à café	levure chimique (poudre à pâte)	$\frac{1}{8}$ de c. à thé
$\frac{1}{8}$ de c. à café	sel	$\frac{1}{8}$ de c. à thé
2 c. à soupe	cassonade ou sucre roux	2 c. à soupe
80 g	banane très mûre, en purée	$\frac{1}{3}$ de tasse
2 c. à soupe	œuf battu	2 c. à soupe
1 c. à soupe	huile végétale	1 c. à soupe
1 c. à soupe	lait	1 c. à soupe
3 c. à soupe	caramel anglais recouvert de chocolat, haché	3 c. à soupe

1. Mélanger la farine, la levure chimique et le sel dans la tasse. Incorporer le reste des ingrédients, sauf le caramel, et bien mélanger. Ajouter le caramel anglais et remuer.

2. Cuire au micro-ondes, à intensité élevée, de 1 ½ à 2 minutes ou jusqu'à ce que le gâteau soit gonflé et pris légèrement au centre. Laisser tiédir ou refroidir dans la tasse. Servir tel quel ou dans une petite assiette.

Variantes

Gâteau aux bananes et au caramel anglais sans gluten : Remplacer la farine par de la farine tout usage sans gluten. S'assurer que la levure chimique et le caramel anglais sont exempts de gluten.

Gâteau aux bananes et au chocolat : Omettre le caramel anglais. Remplacer la cassonade par du sucre et ajouter à la pâte 2 c. à soupe de grains de chocolat semi-sucré miniatures, 1 c. à soupe de canneberges (airelles) séchées et 1 c. à soupe de noix hachées (pacanes, noix de Grenoble, arachides).

Gâteau aux bananes et aux épices : Omettre le caramel anglais. Ajouter ½ c. à café (à thé) d'épices pour tarte à la citrouille en même temps que la farine.

Gâteau au chocolat

Nous avons tous besoin d'une bonne recette de gâteau au chocolat. En voici une qui se prépare rapidement grâce au four à micro-ondes. Le mélange de poudre de cacao et de grains de chocolat est imbattable !

1 tasse de 375 à 500 ml (12 à 16 oz)

(vaporiser l'intérieur d'enduit à cuisson antiadhésif)

Trucs

● Pour mesurer l'œuf, battez 1 gros œuf au fouet dans un petit contenant hermétique, puis mettez-en 2 c. à soupe dans la tasse tel qu'indiqué. Couvrez et conservez le reste au réfrigérateur pas plus de 2 jours. ● Vous pouvez remplacer 2 c. à soupe d'œuf battu par 1 petit œuf. ● Les grains de chocolat miniatures se répartissent plus facilement dans la pâte que les grains plus gros. Si vous n'avez que ces derniers, hachez-les grossièrement avant de les ajouter à la pâte.

2 c. à soupe	farine tout usage (type 55)	2 c. à soupe
1 c. à soupe	poudre de cacao non sucrée	1 c. à soupe
⅛ de c. à café	levure chimique (poudre à pâte)	⅛ de c. à thé
⅛ de c. à café	sel	⅛ de c. à thé
2 c. à soupe	sucre granulé	2 c. à soupe
2 c. à soupe	œuf battu	2 c. à soupe
1 ½ c. à soupe	huile végétale	1 ½ c. à soupe
1 ½ c. à soupe	lait	1 ½ c. à soupe
1 c. à soupe	grains de chocolat semi-sucré miniatures (facultatif)	1 c. à soupe

1. Mélanger la farine, le cacao, la levure chimique et le sel dans la tasse. Incorporer le reste des ingrédients, sauf le chocolat, en mélangeant avec soin. Ajouter le chocolat et remuer.

2. Cuire au micro-ondes, à intensité élevée, de 75 à 90 secondes (vérifier après 75 secondes) ou jusqu'à ce que le gâteau soit gonflé et pris légèrement au centre. Laisser tiédir ou refroidir dans la tasse. Servir tel quel ou dans une petite assiette.

Variante

Gâteau au chocolat sans gluten : Remplacer la farine par de la farine tout usage sans gluten. S'assurer que la levure chimique et le chocolat sont exempts de gluten.

PRÉPARATION À L'AVANCE

Mesurer la farine, le cacao, la levure chimique et le sel dans la tasse ; couvrir et réserver à température ambiante. Mesurer le reste des ingrédients, sauf le chocolat, dans un petit contenant hermétique ; couvrir et réfrigérer jusqu'au moment de l'utilisation.

Pain d'épice

Cette recette est particulièrement appréciée pendant la saison froide et le temps des fêtes. Votre cuisine sera remplie d'odeurs épicées enivrantes.

1 tasse de 375 à 500 ml (12 à 16 oz)
(vaporiser l'intérieur d'enduit à cuisson antiadhésif)

Trucs ● Pour mesurer l'œuf, battez 1 gros œuf au fouet dans un petit contenant hermétique, puis mettez-en 2 c. à soupe dans la tasse tel qu'indiqué. Couvrez et conservez le reste au réfrigérateur pas plus de 2 jours. ● Vous pouvez remplacer 2 c. à soupe d'œuf battu par 1 petit œuf.

3 c. à soupe	farine tout usage (type 55)	3 c. à soupe
½ c. à café	épices pour tarte à la citrouille	½ c. à thé
¼ de c. à café	gingembre moulu	¼ de c. à thé
¼ de c. à café	levure chimique (poudre à pâte)	¼ de c. à thé
$\frac{1}{8}$ de c. à café	sel	$\frac{1}{8}$ de c. à thé
2 c. à soupe	cassonade foncée ou sucre roux	2 c. à soupe
2 c. à soupe	œuf battu	2 c. à soupe
1 ½ c. à soupe	huile végétale	1 ½ c. à soupe
1 c. à soupe	lait	1 c. à soupe

1. Mélanger la farine, les épices, le gingembre, la levure chimique et le sel dans la tasse. Incorporer le reste des ingrédients en mélangeant avec soin.

2. Cuire au micro-ondes, à intensité élevée, de 75 à 90 secondes (vérifier après 75 secondes) ou jusqu'à ce que le pain d'épice soit gonflé et pris légèrement au centre. Laisser tiédir ou refroidir dans la tasse. Servir tel quel ou dans une petite assiette.

Variante

Pain d'épice sans gluten : Remplacer la farine par de la farine tout usage sans gluten. S'assurer que la levure chimique est exempte de gluten.

PRÉPARATION À L'AVANCE

Mélanger la farine, les épices, le gingembre, la levure chimique et le sel dans la tasse; couvrir et réserver à température ambiante. Mesurer le reste des ingrédients dans un petit contenant hermétique; couvrir et réfrigérer jusqu'au moment de l'utilisation.

Gâteau aux noisettes et au chocolat

1 tasse de 375 à 500 ml (12 à 16 oz)

(vaporiser l'intérieur d'enduit à cuisson antiadhésif)

Qui n'a pas déjà mangé de tartinade au chocolat aux noisettes directement dans le pot ? Imaginez les miracles que ce produit peut faire dans un gâteau !

Truc • Pour obtenir un goût encore plus exquis, employez de la poudre de cacao naturelle non sucrée au lieu de la poudre de cacao solubilisée.

2 c. à soupe	farine tout usage (type 55)	2 c. à soupe
1 ½ c. à soupe	poudre de cacao non sucrée	1 ½ c. à soupe
¼ de c. à café	levure chimique (poudre à pâte)	¼ de c. à thé
1	pincée de sel	1
1	gros œuf	1
1 c. à soupe	sucre granulé	1 c. à soupe
2 c. à soupe	tartinade au chocolat aux noisettes	2 c. à soupe

1. Mélanger la farine, le cacao, la levure chimique et le sel dans la tasse. Ajouter le reste des ingrédients et mélanger avec soin à l'aide d'une fourchette.

2. Cuire au micro-ondes, à intensité élevée, de 75 à 90 secondes (vérifier après 75 secondes) ou jusqu'à ce que le gâteau soit gonflé et pris légèrement au centre. Laisser tiédir ou refroidir dans la tasse. Servir tel quel ou dans une petite assiette.

Variantes

Gâteau aux noisettes et au chocolat sans gluten : Remplacer la farine par de la farine tout usage sans gluten. S'assurer que la levure chimique est exempte de gluten.

Gâteau au beurre d'arachide et au chocolat : Remplacer la tartinade au chocolat aux noisettes par la même quantité de beurre d'arachide. Remplacer le sucre par 1 ½ c. à soupe de cassonade ou de sucre roux.

PRÉPARATION À L'AVANCE

Mélanger la farine, le cacao, la levure chimique et le sel dans la tasse ; couvrir et réserver à température ambiante. Battre l'œuf dans un petit contenant hermétique, puis ajouter le sucre et la tartinade ; couvrir et réfrigérer jusqu'au moment de l'utilisation.

Gâteau velours rouge au fromage à la crème

1 tasse de 500 ml (16 oz)

(vaporiser l'intérieur d'enduit à cuisson antiadhésif)

Si vous êtes prêt à relever le défi avec brio, vous réussirez à faire ce gâteau en 15 minutes seulement.

Trucs ● Pour mesurer l'œuf, battez 1 gros œuf au fouet dans un petit contenant hermétique, puis mettez-en 2 c. à soupe dans la tasse tel qu'indiqué. Couvrez et conservez le reste au réfrigérateur pas plus de 2 jours. ● Vous pouvez remplacer 2 c. à soupe d'œuf battu par 1 petit œuf.

Gâteau

2 c. à soupe	farine tout usage (type 55)	2 c. à soupe
1 c. à soupe	poudre de cacao non sucrée	1 c. à soupe
⅛ de c. à café	levure chimique (poudre à pâte)	⅛ de c. à thé
⅛ de c. à café	sel	⅛ de c. à thé
2 c. à soupe	sucre granulé	2 c. à soupe
2 c. à soupe	œuf battu	2 c. à soupe
1 ½ c. à soupe	huile végétale	1 ½ c. à soupe
1 ½ c. à soupe	lait	1 ½ c. à soupe
½ c. à café	colorant alimentaire liquide rouge	½ c. à thé
⅛ de c. à café	vinaigre blanc ou vinaigre de cidre	⅛ de c. à thé

Glaçage

2 c. à café	sucre glace	2 c. à thé
2 c. à soupe	fromage à la crème fouetté	2 c. à soupe

1. Gâteau : Mélanger la farine, le cacao, la levure chimique et le sel dans la tasse. Incorporer le reste des ingrédients en mélangeant avec soin.

2. Cuire au micro-ondes, à intensité élevée, de 75 à 90 secondes (vérifier après 75 secondes) ou jusqu'à ce que le gâteau soit gonflé et pris légèrement au centre. Laisser tiédir ou refroidir dans la tasse. Servir tel quel ou dans une petite assiette.

3. Glaçage : Dans un petit bol, à l'aide d'une fourchette, bien mélanger le sucre glace et le fromage. Étaler délicatement sur le gâteau refroidi.

Variante

Gâteau velours rouge sans gluten : Remplacer la farine par de la farine tout usage sans gluten. S'assurer que la levure chimique et le sucre glace sont exempts de gluten.

Gâteau à la guimauve et au chocolat

1 tasse de 375 à 500 ml (12 à 16 oz)

(vaporiser l'intérieur d'enduit à cuisson antiadhésif)

Ce gâteau vous rappellera le goût incomparable des guimauves grillées qu'on aime tant manger autour du feu de camp.

Truc • Il n'est pas nécessaire de laver la tasse entre les étapes 1 et 2.

3 c. à soupe	beurre	3 c. à soupe
2 c. à soupe	chapelure de biscuits Graham	2 c. à soupe
4 c. à soupe	grains de chocolat semi-sucré miniatures	4 c. à soupe
1	gros œuf	1
40 g	farine tout usage (type 55)	¼ de tasse
2 c. à soupe	sucre granulé	2 c. à soupe
2 c. à soupe	poudre de cacao non sucrée	2 c. à soupe
⅛ de c. à café	levure chimique (poudre à pâte)	⅛ de c. à thé
⅛ de c. à café	sel	⅛ de c. à thé
15 g	guimauves miniatures	¼ de tasse

1. Au micro-ondes, à intensité élevée, faire fondre 1 c. à soupe de beurre dans la tasse de 15 à 30 secondes. Incorporer la chapelure de biscuits et réserver dans un petit bol.

2. Dans la même tasse, faire fondre 3 c. à soupe de grains de chocolat et le reste du beurre à intensité élevée de 25 à 30 secondes. Mélanger jusqu'à consistance lisse.

3. Ajouter l'œuf, la farine, le sucre, le cacao, la levure chimique et le sel. À l'aide d'une fourchette, mélanger jusqu'à consistance lisse. Incorporer délicatement la chapelure réservée, le reste des grains de chocolat et les guimauves.

4. Cuire à intensité élevée de 75 à 90 secondes ou jusqu'à ce que le gâteau soit gonflé et pris légèrement au centre. Laisser tiédir ou refroidir dans la tasse. Servir tel quel.

PRÉPARATION À L'AVANCE

Mesurer 1 c. à soupe de beurre dans la tasse ; couvrir et réfrigérer. Mesurer la chapelure dans un petit contenant hermétique ; couvrir et réserver à température ambiante. Mesurer 3 c. à soupe de grains de chocolat et le reste du beurre dans un petit contenant hermétique ; couvrir et réfrigérer. Battre l'œuf dans un petit contenant hermétique ; couvrir et réfrigérer. Mesurer la farine, le sucre, le cacao, la levure et le sel dans un petit contenant hermétique ; couvrir et réserver à température ambiante. Mesurer le reste du chocolat et les guimauves dans un petit contenant hermétique ; couvrir et réserver à température ambiante jusqu'au moment de l'utilisation.

Tarte au citron et au yogourt

1 tasse de 375 à 500 ml (12 à 16 oz)

Voilà de quoi faire rêver tous les amateurs de tartes !

Truc ● Pour réduire les biscuits en fines miettes, mettez-les dans un petit sac en plastique scellé. Broyez-les ensuite à l'aide d'un rouleau à pâtisserie.

45 g	grains de chocolat blanc miniatures	¼ de tasse
1	contenant de yogourt grec au citron, au miel ou à la vanille de 142 à 170 g (5 à 6 oz)	1
1 c. à café	zeste de citron râpé finement	1 c. à thé
1 ½ c. à soupe	jus de citron frais	1 ½ c. à soupe
1 c. à soupe	beurre	1 c. à soupe
2	biscuits-sandwichs à la crème à la vanille, broyés	2

1. Au micro-ondes, à intensité élevée, faire fondre le chocolat dans la tasse pendant 30 secondes. Remuer et cuire 15 secondes de plus. Mélanger jusqu'à consistance lisse et crémeuse.

2. Bien mélanger le yogourt avec le chocolat fondu, le zeste et le jus de citron.

3. Mettre le beurre dans la tasse (inutile de la laver). Faire fondre à intensité élevée de 15 à 30 secondes. Remuer et incorporer la chapelure de biscuits en mélangeant avec soin. Presser la chapelure au fond de la tasse.

4. Verser le yogourt dans la tasse et réfrigérer pendant 30 minutes ou jusqu'à ce que la garniture soit prise. Servir tel quel.

Tarte au chocolat et au yogourt

45 g	grains de chocolat semi-sucré	¼ de tasse
1	contenant de yogourt grec à la vanille de 142 à 170 g (5 à 6 oz)	1
1 c. à soupe	beurre	1 c. à soupe
2	biscuits-sandwichs à la crème au chocolat, broyés	2

1. Au micro-ondes, à intensité élevée, faire fondre le chocolat dans la tasse pendant 30 secondes. Remuer et cuire 15 secondes de plus. Remuer jusqu'à consistance lisse et crémeuse.

2. Bien mélanger le yogourt avec le chocolat fondu.

3. Procéder comme aux étapes 3 et 4 de la tarte au citron et au yogourt.

Pouding à la vanille

1 tasse de 375 à 500 ml (12 à 16 oz)

Trucs ● La fécule de maïs peut être remplacée par la même quantité d'arrow-root. ● N'hésitez pas à remplacer le lait par une boisson végétale (soja, riz, amande).

1	morceau de pellicule de plastique ou de papier-parchemin	1
2 c. à soupe	sucre granulé	2 c. à soupe
1 c. à soupe	fécule de maïs	1 c. à soupe
160 ml	lait	$\frac{2}{3}$ de tasse
1 c. à soupe	beurre	1 c. à soupe
½ c. à café	extrait de vanille	½ c. à thé

1. Mélanger le sucre et la fécule de maïs dans la tasse. Verser le lait peu à peu en remuant jusqu'à consistance lisse. Ajouter le beurre.

2. Cuire au micro-ondes, à intensité élevée, pendant 30 secondes. Bien mélanger et cuire de 10 à 30 secondes de plus en remuant toutes les 10 secondes. Lorsque la préparation est épaisse et luisante, incorporer la vanille.

3. Poser le film plastique directement sur le pouding pour empêcher la formation d'une pellicule. Réfrigérer pendant 30 minutes ou jusqu'à ce qu'il soit complètement refroidi.

Pouding au chocolat

1	morceau de pellicule de plastique ou de papier parchemin	1
2 c. à soupe	sucre granulé	2 c. à soupe
1 ½ c. à soupe	poudre de cacao non sucrée	1 ½ c. à soupe
1 ½ c. à café	fécule de maïs	1 ½ c. à thé
125 ml	lait	½ tasse
1 c. à soupe	beurre	1 c. à soupe
½ c. à café	extrait de vanille	½ c. à thé

1. Mélanger le sucre, le cacao et la fécule de maïs dans la tasse. Verser le lait peu à peu en remuant jusqu'à consistance lisse. Ajouter le beurre.

2. Cuire au micro-ondes, à intensité élevée, pendant 30 secondes. Bien mélanger et cuire de 10 à 30 secondes de plus en remuant toutes les 10 secondes. Lorsque la préparation est épaisse et luisante, incorporer la vanille.

3. Procéder comme à l'étape 3 du pouding à la vanille.

Crumble aux mûres

Ce dessert regorge de petits fruits qui feront votre bonheur en toutes saisons. Ah ! le bon goût réconfortant d'un bon crumble maison !

1 tasse de 500 ml (16 oz)

Trucs ● Si vous n'avez pas de mûres, sachez que ce crumble est aussi délicieux avec des framboises ou des bleuets ou encore un mélange de petits fruits frais ou surgelés. ● Il n'est pas nécessaire de laver la tasse entre les étapes 1 et 2.

Crumble

1 c. à soupe	beurre	1 c. à soupe
2 c. à soupe	farine tout usage (type 55)	2 c. à soupe
1 ½ c. à soupe	flocons d'avoine à cuisson rapide ou à l'ancienne	1 ½ c. à soupe
1 c. à soupe	cassonade ou sucre roux	1 c. à soupe

Garniture

1 c. à café	fécule de maïs	1 c. à thé
1 c. à café	eau	1 c. à thé
215 g	mûres fraîches ou surgelées	1⅓ de tasse
2 c. à soupe	sucre granulé	2 c. à soupe
1 c. à soupe	beurre	1 c. à soupe

1. Crumble : Au micro-ondes, à intensité élevée, faire fondre le beurre dans la tasse de 15 à 30 secondes. Incorporer le reste des ingrédients en mélangeant avec soin. Réserver dans un petit bol.

2. Garniture: Dans la même tasse, mélanger la fécule de maïs et l'eau jusqu'à consistance lisse. Ajouter les mûres, le sucre et le beurre. Bien mélanger et cuire à intensité élevée pendant 90 secondes (mûres surgelées) ou 60 secondes (mûres fraîches). Écraser légèrement à l'aide d'une fourchette. Réchauffer à intensité élevée de 45 à 75 secondes ou jusqu'à ce que la préparation soit bouillonnante. Remuer.

3. Couvrir avec le crumble. Cuire à intensité élevée de 60 à 90 secondes ou jusqu'à ce que le dessus soit pris légèrement. Laisser reposer à température ambiante 15 minutes ou réfrigérer 5 minutes avant de servir.

Variante

Crumble aux mûres sans gluten : Utiliser des flocons d'avoine certifiés sans gluten et remplacer la farine par de la farine tout usage sans gluten.

Pâte à brownie
à tremper

Cette trempette est un croisement entre la pâte à brownie et le gâteau au fromage au chocolat. Servez-la avec des fruits, des biscuits ou des bretzels. Tout simplement irrésistible !

3 c. à soupe	fromage à la crème, en petits morceaux	3 c. à soupe
1 c. à soupe	beurre, en petits morceaux	1 c. à soupe
30 g	sucre glace	¼ de tasse
2 c. à soupe	poudre de cacao non sucrée	2 c. à soupe
2 c. à café	lait	2 c. à thé
¼ de c. à café	extrait de vanille	¼ de c. à thé
2 c. à café	grains de chocolat mi-sucré miniatures (facultatif)	2 c. à thé

1. Mettre le fromage et le beurre dans la tasse. Chauffer au micro-ondes, à intensité élevée, pendant 10 secondes. Bien mélanger.

2. Incorporer le sucre glace, le cacao, le lait et la vanille en mélangeant avec soin. Ajouter les grains chocolat. Servir avec les accompagnements choisis.

Variantes

Trempette de pâte à brownie au moka : Ajouter 1 c. à café (à thé) de café instantané non dilué en même temps que le cacao.

Trempette de pâte à brownie à la noix de coco : Remplacer le beurre par la même quantité d'huile de noix de coco vierge. Si désiré, saupoudrer la trempette avec 1 c. à soupe de noix de coco râpée ou en flocons non sucrée une fois la cuisson terminée.

PRÉPARATION À L'AVANCE

Mélanger le fromage et le beurre dans la tasse; couvrir et réfrigérer. Mesurer le sucre glace et le cacao dans un petit contenant hermétique; couvrir et réserver à température ambiante. Mesurer le lait et la vanille dans un petit contenant hermétique; couvrir et réfrigérer jusqu'au moment de l'utilisation.

Index